उषा प्रियम्वदा

उषा प्रियम्वदा का जन्म 24 दिसम्बर, 1930 को हुआ। हिन्दी और अंग्रेज़ी, दोनों ही भाषाओं में समान रूप से दक्ष उषा प्रियम्वदा ने साहित्य-सृजन के लिए हिन्दी तथा समीक्षा, अनुवाद व अन्य बौद्धिक कार्यों के लिए अंग्रेज़ी का चयन किया। इलाहाबाद विश्वविद्यालय से अंग्रेज़ी साहित्य में पी-एच.डी. करने के बाद उन्होंने इंडियाना यूनिवर्सिटी, ब्लूमिंगटन, अमेरिका में तुलनात्मक साहित्य में दो वर्ष पोस्ट-डॉक्टरल शोध किया। अध्यापन के प्रथम तीन वर्ष दिल्ली के लेडी श्रीराम कॉलेज, तदुपरान्त इलाहाबाद विश्वविद्यालय में दो वर्ष बिताने के बाद, विस्कांसिन विश्वविद्यालय, मेडिसन के दक्षिण एशियाई विभाग में प्रोफ़ेसर रहीं। उनकी प्रकाशित कृतियाँ हैं—'पचपन खम्भे लाल दीवारें', 'रुकोगी नहीं राधिका', 'शेष यात्रा', 'अन्तर-वंशी', 'भया कबीर उदास', 'नदी', 'अल्प विराम', 'अर्कदीप्त' (उपन्यास); 'फिर बसंत आया', 'ज़िन्दगी और गुलाब के फूल', 'एक कोई दूसरा', 'कितना बड़ा झूठ', 'मेरी प्रिय कहानियाँ', 'शून्य एवं अन्य रचनाएँ', 'बनवास', 'सम्पूर्ण कहानियाँ' तथा 'प्रतिनिधि कहानियाँ' (कहानी-संग्रह)। भारतीय साहित्य, लोककथाओं एवं मध्यकालीन भक्ति-काव्य पर उन्होंने अनेक लेख लिखे हैं जो अंग्रेज़ी में समय-समय पर प्रकाशित हुए। मीराँबाई और सूरदास के अंग्रेज़ी अनुवाद साहित्य अकादेमी, नई दिल्ली ने पुस्तक रूप में प्रकाशित किए। उन्होंने अनेक आधुनिक हिन्दी कहानियों के अनुवाद भी किए हैं। इंडियन स्टडीज़ विभाग से संलग्न रहते हुए 1977 में उन्हें 'फुल प्रोफ़ेसर ऑफ़ इंडियन लिटरेचर' का पद मिला। 'पद्मभूषण डॉ. मोटूरि सत्यनारायण' समेत कई पुरस्कारों से सम्मानित उषा प्रियम्वदा 2002 में अवकाश लेकर अब पूरा समय लेखन, अध्ययन और बाग़वानी में बिता रही हैं।

शेष यात्रा

उषा प्रियम्वदा

राजकमल पेपरबैक्स

पहला पुस्तकालय संस्करण
राजकमल प्रकाशन प्राइवेट लिमिटेड द्वारा
1984 में प्रकाशित

राजकमल पेपरबैक्स में
पहला संस्करण : 1984
सोलहवाँ संस्करण : 2025

राजकमल पेपरबैक्स : उत्कृष्ट साहित्य के जनसुलभ संस्करण

राजकमल प्रकाशन प्रा.लि.
1-बी, नेताजी सुभाष मार्ग, दरियागंज
नई दिल्ली-110 002
द्वारा प्रकाशित

शाखाएँ : अशोक राजपथ, साइंस कॉलेज के सामने, पटना-800 006
पहली मंजिल, दरबारी बिल्डिंग, महात्मा गांधी मार्ग, प्रयागराज-211 001
1, अनमोल सोराबजी संतुक लेन, धोबी तलाव, मरीन लाइंस, मुम्बई-400 002
वेबसाइट : www.rajkamalprakashan.com
ई-मेल : info@rajkamalprakashan.com

बी.के. ऑफसेट
नवीन शाहदरा, दिल्ली-110 032
द्वारा मुद्रित

मूल्य : ₹250

SHESH YATRA
Novel by Usha Priyamvada

ISBN : 978-81-7178-852-1

मणीन्द्र वर्मा को

पूर्वार्ध

जागकर अनु कहती है, यही यथार्थ है। यथार्थ, प्रणव मुझे छोड़कर चला गया है। अब प्रणव के बिना सारी जिन्दगी काटनी होगी, सारी जिन्दगी।

वह अँधेरे में आँख फाड़े लेटी रहती है, एकदम स्तब्ध, बिना हिले-डुले। वह अपने दिल की धड़कन महसूस कर रही है, छाती में कसा हुआ दिल, उसे अन्दर से हिलाता हुआ, झकझोरता हुआ, अपनी ही तेज गति से धक-धक-धक करता हुआ–अनु की मुट्ठियाँ ढीली पड़ जाती हैं। वह सुनती रहती है, अपने दिल की धड़कन जो कि उस अँधेरे में बहुत तेज और डरावनी लगने लगी है। वह उठकर बैठना चाहती है, पानी का एक घूँट पीना चाहती है, पर वह एकदम निःशक्त, निश्चल पड़ी रहती है। हाथ हिलाकर बत्ती तक नहीं जलाई जाती। दिन के उजाले में जो चीजें इतना त्रास नहीं देतीं, वही रात के अकेले, घुप अँधेरे में कितनी बड़ी, कितनी दुर्गम लगने लगती हैं। अकेलेपन के उस डर का भी जैसे एक रूखा-सूखा, तालू से चिपका स्वाद है, वह स्वाद अनु को एक मिनट भी नहीं छोड़ता। अब? अब? अब? उसका दिल धड़कता है और वह उस लम्बे-चौड़े पलँग पर अपनी जगह पर सिमटी-सिकुड़ी पड़ी रहती है। दोनों हाथों से चेहरे को ढके हुए, घुटनों को समेटकर पेट से चिपकाए हुए, एक आतंकित गठरी-जैसी...रात का हर पल शरीर से रिसते हुए एक-एक कतरा खून की तरह लगता है।

सड़क पर सन्नाटा है, कभी-कभी पुलिस की गश्ती गाड़ी चुपचाप निकल जाती होगी। घरों के दरवाजे बन्द हैं, सभी अपनी-अपनी गरम रजाइयों में लिपटे सो रहे होंगे, उसकी सारी सहेलियाँ भी, जो आजकल अपने-अपने घर, बच्चों और पतियों को लेकर बहुत सतर्क हो गई हैं। अनु के अन्दर से एक गहरी साँस उठती है, आँखें फाड़कर वह अँधेरे में चारों तरफ देखती है। सड़क

की रोशनी कमरे के पीछे लगे देवदार की पत्तियों से छन-छनकर दिखाई देती है—परदे पर छपे बड़े-बड़े पौपी के फूल, आदमकद शीशे के अन्दर घुप अँधेरा। अनु के मन में आता है कि अगर वह दर्पण न होकर एक रहस्यमय दरवाजा होता जिसमें बैठकर वह एकदम दुनिया से ओझल हो जाती तो कैसा अच्छा होता। उसके पीछे एक तरल, द्रव, सुखद नींदवाला अँधेरा होता जिसमें वह आकंठ डूब जाती है और इन सब यातनाओं का अन्त हो जाता। जैसे एक गीला हाथ आकर दिल, दिमाग की लिखी टेढ़ी-मेढ़ी इबारतों को मिटा देता और अनु, यह सब जो घट रहा है, जो बीत रहा है, उसको भूल जाती; किसी तरह उन लकीरों को मिटाकर, किसी अद्‌भुत समय-विमान पर चढ़कर वह छह साल पीछे लौट जाती और पाती कि वह दो लम्बी-लम्बी चोटियाँ झुलाती, घर की धुली सलवार-कमीज पहले खाट पर बैठी है—एक हाथ में सिनेमा की एक पत्रिका है और दूसरा हाथ अपने आप पराँठे का कौर तोड़कर अचार से छुआता है और मुँह में पहुँच जाता है।

कैसा चुभनेवाला शब्द है—यथार्थ, यानी कि रियैलिटी, वास्तविकता, जिस पर उसका बस नहीं चलता, जोकि उसे स्वीकारनी ही पड़ेगी, देर-सबेर। वह ठंडी आँखों से पड़ोसिनों को देखती है, वह उसकी हितैषी हैं—उठो अनु, उठो, तैयार होओ। अपने को देखो, सँवारो, बाहर निकलो, पूरी दुनिया तुम्हारे लिए बिखरी पड़ी है, अभी तुम्हारी उम्र ही क्या है? अनगिनत अवसर, अभूतपूर्व सम्भावनाएँ। उठो बच्ची, सुख अगले मोड़ पर तुम्हारा आवाहन कर रहा है। जिन्दगी से जूझना सीखो, कठिनाइयों को जीतो—रियैलिटी का सामना करो। धन्यवाद रोजलिन, धन्यवाद सूजी, धन्यवाद कारिन, धन्यवाद, धन्यवाद!

वह फोन को झटके से दीवार से निकाल देती है, अब घंटी नहीं सुननी पड़ेगी। दरवाजे पर थाप पड़ने पर खोलना भी जरूरी नहीं, रोज-रोज की यह पाश्चात्य फिलासफी उससे निगली नहीं जाती। कारिन, सूजी और रोजलिन कुछ देर दरवाजे पर इन्तजार करने के बाद लौट जाएँगी और अनु फिर पलँग पर जा गिरेगी।

अनु चुपचाप बैठी है—मेज पर कोहनी टिकाए, बाईं हथेली से माथा थामे, कभी-कभी सबकुछ एकदम सुन्न पड़ जाता है, तब डर का स्वाद, दिल की डरी हुई धड़कन, सूजे पपोटे और अपने नितान्त अकेले रह जाने का एहसास—यह सब धुँधला जाता है। उस होने और न होने की स्थिति में टँगी

हुई, उसकी साँस रुकी रहती है। पर यह स्थिति ज्यादा समय नहीं टिक पाती, बाहर की दुनिया पर नियन्त्रण नहीं किया जा सकता। डाकिया खोखे से डाक अन्दर डाल देता है और वह शब्द एक विस्फोट की तरह अनु के कानों से टकराता है। चौंककर पाती है पत्रिकाएँ, इश्तहार, बिजली-पानी के बिल, दरवाजे के पीछे यह सब चीजें गिरी हैं और अब बहुत आक्रामक भाव से उसे घूरने लगी है। खिड़कियों से पर्दों के बावजूद उजाला झर रहा है। उस रोशनी में अनु की नजर काँच की मेज पर जमी धूल की गर्द पर टिक जाती है। क्या वह उठे, रसोई में जाए, दराज खोले, झाड़न निकाले, आकर धूल पोंछे, जाऽऽनेऽऽदोऽऽ...दरवाजे और मेज की तरफ पीठ करके वह दूसरी ओर मुँह फेर लेती है।

अपने आप से साक्षात्कार। अनुका नाम की इस औरत को पूरा-पूरा उघाड़कर देखना होगा। अनु ठिठक गई, उसकी शिथिल उँगलियाँ मेज के धूल भरे काँच पर अनमनी रेखाएँ खींचने लगीं। उसकी आँखें दृष्टिहीन हैं, शरीर के अंग अपने आप चलते हैं, असंबद्ध विचार उठते हैं और मिट जाते हैं। आँखें भर आती हैं और सूख जाती हैं। क्या किया जाए इस अनुका नाम की औरत का, जिसकी जिन्दगी एक बेबुनियाद इमारत की तरह उसके अपने पैरों के पास ढही पड़ी है। जिसकी पूर्णता, जिसका पत्नीत्व, स्त्रीत्व, सबकुछ नकार दिया गया है, जिसकी पूरी आइडेंटिटी, पूरा अनु-पन एकदम झकझोर दिया गया है। लहरों ने उसे कूड़े की तरह रेत पर लाकर पटक दिया है और जैसे अनेक आवाजें उसे चिढ़ा-चिढ़ाकर कहती रहती हैं–तुम कुछ नहीं हो, तुम कुछ नहीं हो!

नई आँख से सबकुछ देखना होगा? सबकुछ का मतलब है सभी कुछ। अन्दर, बाहर, अपने को, दूसरों को, प्रणव को। विशेष तौर से प्रणव को।

एक आदमी, एक औरत।

प्रणव और अनु।

औरत रोती है।

"मैंने क्या कसूर किया है? चोरी की? झूठ बोला? क्या मैं दुश्चरित्र हूँ?"

झर-झर आँसू। आँसू कि खत्म ही नहीं होंगे। आदमी का चेहरा कड़ा है, वह औरत की तरफ पीठ करके बाहर देखने लगता है।

“बताओ न?” वह जाकर उसकी बाँह पकड़ लेती है, “तुमसे झगड़ा करती हूँ? तुम्हारा पैसा बर्बाद किया है? तुम्हारी बेइज्जती करती हूँ? तुम्हें खाना पकाकर नहीं देती?”

“रोओ मत, प्लीज!” आदमी कहता है। उसका कड़ा चेहरा एकदम पिघल जाता है, वह उसके भीगे गाल पोंछता है और दाईं बाँह फैलाकर हल्के-से उसे पास समेट लेता है। वह प्रणव की छाती की गन्ध सूँघती है, घने घुँघराले कच्चे-पक्के बालों की जड़ों में बसी प्रणव की सोंधी सुगन्ध।

अनु आँखें खोलती है—कमरा, कमरे का फर्नीचर फोकस में आता है, यानी असलियत, यानी यथार्थ।

नई आँख से सबकुछ देखना होगा। अन्दर, बाहर अपने को, दूसरों को, प्रणव को। सबसे पहले बाहर, बाहर से अन्दर, फिल्मी कैमरे की आँख की तरह। पहले बाहर का दृश्य—पेड़, घास फिर धीरे-धीरे निगाह स्पष्ट होती हुई एक विशेष चेहरे पर आकर ठहर जाती है। यही सुरक्षित रहेगा। इसी में सुरक्षा है, अपने खुरंड उचेलने की बजाय बाहर ही देखना ठीक रहेगा। अभी अपने में इतनी सकत नहीं है कि अपने आपको देख सके। प्रणव पर ही कैमरे को टिका रहने दो।

कमरा, नीचे सफेद फर्श, फर्श के ऊपर गलीचा, बीच में सोफा, इधर-उधर कुर्सियाँ। अँगीठी के ऊपर एक मढ़ा हुआ बातिक। बाहर घास, झाड़ियाँ, अपने आप उग आए फूल। मालूम नहीं, हफ्ते का कौन-सा दिन है, महीने की कौन-सी तारीख है, अँधेरा पाख है कि उजेला?

बिजली की घड़ी निर्मम भाव से लाल रंग में सेकेंड, मिनट, घंटे दिखाती रहती है। उसी के अनुसार समझ लेना पड़ता है कि अब दोपहर होगी, अब शाम हो गई, अब रात के ग्यारह बज चुके हैं, नींद आने की आशा न होते हुए भी बिस्तर पर लेट जाना चाहिए।

उसे लगता है कि प्रणव का कैमरा उस पर टिका हुआ है। आलोचकों ने प्रणव की पहली और शायद एकमात्र फिल्म में उसकी तटस्थता, मानवीय संबंधों को एक निर्मम सच्चाई से चीरकर रख देने की क्षमता की बात की थी। पहली बार सुनकर वह ताज्जुब से भर गई थी। यह प्रणव, जिसके नहाने-धोने, तेल मालिश, शेव करने, छोटे-मोटे आंतरिक और अन्तरंग कामों की वह साक्षी रही है, उसी प्रणव में क्षमताएँ हैं। उसे अब कमरे में बैठे-बैठे बोध होता है कि प्रणव का कैमरा उस पर बराबर टिका हुआ था। उसका उठना, बैठना, बात करना, हँसना, बोलना, इठलाना, इतराना, कपड़े-लत्ते, चेहरे

का हर भाव, सबकुछ कैमरे की आँख एक अदृश्य फिल्म में उतारती रहती थी और उसे कभी मालूम तक नहीं हुआ। प्रणव मन में, एक नोटबुक में बराबर उसकी सारी कमियाँ, सारी खामियाँ टाँकता रहा और कॉपी भर जाने पर वह फेहरिस्त उसे पकड़ा दी कि लो, तुम यह हो, ऐसी हो। मुझे तुमसे अब कुछ नहीं लेना-देना, मैं चला।

और वह अवाक्, फेहरिस्त हाथ में पकड़े, टुकुर-टुकुर ताकती रह गई है। अब वह बैठी रहती है, दिन-रात, सुबह-शाम, धूप-बारिश, इन सबकी गतिविधि से एकदम बेखबर। उसे न भूख है, न प्यास–बस एक प्रतीक्षा। हवा जब दरवाजा भड़भड़ाती है तो वह चौंक उठती है। सीढ़ियों पर उसे पदचाप-सी लगती है। वह हर आहट पर उठकर बैठ जाती है, पर दरवाजा खोलकर देखने से पहले ही उसे मालूम है कि बाहर प्रणव नहीं होगा।

अनु ने बचपन से वही पुराने ढंग का घर देखा और जाना था। उसमें ड्योढ़ी थी, मेहराबदार दालान, मुजरेवाली कोठी, चौकोर कमरे, घुटी-घुटी बन्द कोठरियाँ, तहखाने, दुछत्तियाँ, संडास, कहारिन, नाई, बूढ़ी महराजिन। उस घर की एक अपनी गति थी, हर प्राणी उसी गति में अपने को ढाल लेता था, नई ब्याही बहुएँ, आते-जाते मेहमान। बड़ी मामी घर की मालकिन थीं, छोटी मामी सबकी लाड़ली, सबसे सुन्दर, नखरीली, पढ़ी-लिखी, अनु की दोस्त। बड़ी मामी दूध और धोबी का हिसाब रखतीं, घर के खाने-पीने की भी जिम्मेदारी उन पर ही थी। छोटी मामी सज-सँवर कर बैठी रहतीं, उपन्यास पढ़तीं, जेठ-जिठानी को अपने हाथ से पान बनाकर देतीं, लिपस्टिक लगाकर रात के शो में सिनेमा जातीं। अनु को छोटी मामी बड़ी ग्लैमरस लगतीं–बंबई, कलकत्ता, कहाँ-कहाँ घूमी हुई। अनु के स्कूल में ऊँची-ऊँची चहारदीवारी थी, घर में भी सिर्फ त्योहार या शादी पर ही स्त्रियों का बाहर निकलना होता था। घर में ही दालान में चारपाइयाँ पड़ी रहतीं, आनेवाले पुरुष वहीं बैठते, औरतें अन्दर चली आतीं। कमरों के दरवाजों की लकड़ी इतनी पुरानी हो गई थी कि गर्मी, बरसात, चाहने पर भी दरवाजे बन्द नहीं होते। अनु को बहुत डर लगता था, बन्दरों से, छत पर बिल्लियों की लड़ाई से, चोरों से, मरे हुए मौसेरे भाई नवीन के भूत से। वह कभी अकेली नहीं सोती, हमेशा ममेरे भाई-बहनों का आश्रय ढूँढ़ती रहती, जो उसे डराने के लिए न जाने कहाँ-कहाँ से भूत-प्रेतों, बेर के पेड़वाली चुड़ैल, पीपलवाले बाबा की कहानियाँ सुनाते रहते थे।

कभी-कभी अनु को बाहर जाने का मौका पड़ता तो वह दुनिया उसे अभिभूत कर देती, जैसे टैगोर टाउन में दिव्या का घर, जिस घर में सभी उसके प्रति सहृदय थे–दिव्या के पिता जस्टिस चौधरी, उसकी फैशनेबुल माँ। वह घर नहीं बँगला था, शहर की कचर-पचर से दूर, चौड़ी सड़क पर बड़े-बड़े फाटक, सामने खूब बड़ा लॉन, जहाँ बैठकर जस्टिस चौधरी शाम की चाय पीते थे। गुलाबों की भीनी-भीनी सुगन्ध हवा में बसी रहती। मिसेज चौधरी हर वक्त सजी रहतीं–कटे बाल, कलफ की हुई सूती साड़ी, गले में एक लड़ मोती की माला, हाथ में सिर्फ एक चूड़ी। दिव्या ने बराबर कॉन्वेंट में पढ़ाई की थी, वह धड़ल्ले से अंग्रेजी बोलती थी। न जाने क्यों उसे अनु अच्छी लगती थी, जब-तब घसीटकर घर ले आती। दिव्या को उसने अपने घर में कभी नहीं बुलाया। वह जानती थी कि वहाँ यह संगत नहीं बैठेगी। वैसे ही उसे अपना सबकुछ बड़ा अटपटा-सा लगता था। जैसे दिव्या के अठारहवें जन्मदिन की पार्टी में उसे मामी ने अपनी गहरी हरी बनारसी साड़ी पहना दी थी, अनु को लगा कि सब उसे ही देख रहे थे और वह शरम से पानी-पानी हुई जा रही थी। उसकी क्लास की लड़कियाँ नई-नई मैक्सी, मिडी, चूड़ीदार ढीले कुर्तों में आई थीं। सिर्फ अनु ही सभी अतिथियों से अलग दिख रही थी। कोई भी उसकी तरह जोकर नहीं लग रहा था। वह पार्टी छोड़कर दिव्या के कमरे में जाकर बैठ गई, कुर्सी पर अकेली, अटपटा महसूस करती हुई। एक दुविधा में फँसी कि क्या करे। किसी ने अन्दर आकर बिजली जलाई और अचम्भे से पूछा, "अनु! अँधेरे में! क्या तबीयत खराब है?" वह दिव्या का भाई था दीपांकर।

अनु जैसे उबर गई, "सिर दुख रहा है।"

"दवा खाओगी? या घर पहुँचा दूँ?"

अनु ने कृतज्ञ नेत्रों से देखा, "रिक्शा मँगवा दें तो घर चली जाऊँगी।"

ड्राइवर को बुलाकर दीपांकर ने गाड़ी मँगवाई और अनु को स्वयं घर तक छोड़ गया। अनु ने घर पहुँचकर तुरन्त साड़ी उतारकर अलग डाल दी। मामी के पूछने पर उसने कहा, "आपने ऐसी चटख साड़ी पहनवा दी, सब मुझे ही घूर-घूरकर देख रहे थे। इतनी शरम लगी कि मैं तो छुप गई।"

"पगली कहीं की!" मामी ने प्यार से धौल लगाई, "साड़ी को नहीं, वह सब तुझे देख रहे होंगे। एकदम देवी की प्रतिमा जैसी लग रही थी तू।"

मामी को आज क्या हो गया है। अनु अवाक उन्हें देखती रही।

"लड़की का दिमाग मत खराब करो।" मामा ने अखबार पढ़ते-पढ़ते ही कहा, "अभी इसे बहुत कुछ करना है, जाओ बेटे, जाकर पढ़ो।"

अनु बहुत देर खुली किताब के आगे बैठी रही। बिजली की मद्धिम रोशनी में अनु के चारों तरफ उसका संसार बिखरा हुआ था। नीचे-से तख्त पर गद्दा, उसके पास एक पढ़ने की मेज-कुर्सी, बड़ा-सा बक्स, जिसमें नानी की तमाम फालतू चीजें भरी हुई थीं, जिसके ऊपर अभी भी काले पेंट पर धुँधले अक्षरों में छपा हुआ था, श्री हरिप्रसाद रईस, मैनपुरी। उसी बक्स के ऊपर एक बेंत का पुराना बक्सानुमा चौकोर संदूकचा, जो कश्मीर से आया था। उसमें लगा हुआ अस्तर तार-तार हो गया था और कहाँ-कहाँ, किसके-किसके पास से घूमते हुए उसने अनु की कोठरी में श्री हरिप्रसाद रईस के ट्रंक के ऊपर जगह पा ली थी। उसमें था, अम्मा का बैंगनी लहँगा, एक मखमल की बास्कट, एक हल्की पीली सिल्क की साड़ी, चार-पाँच असली चाँदी के रुपए और इस कोष के ऊपर अनु के रोज पहनने के कपड़े। कुछ समय पहले बेंत की कुर्सी भी मामी ने उसे जुटा दी थी। मामा के बाहर चले जाने पर मामी देर तक रात को अनु के पास बैठकर ही उपन्यास पढ़ा करती थी और उन्हें तख्त पर तकलीफ होती थी। बाहर बैठक से कुर्सी मँगवाकर उन्होंने वहीं अड़ा दी थी। हर गर्मी में नया घड़ा भी वहीं मँगवाकर रखवाती थीं। एक दिन उनकी कृपा से एक छोटा शीशा भी आ गया और अनु को बाल सँवारने में आसानी होने लगी, नहीं तो मामी की ड्रेसिंग-टेबुल तक जाना पड़ता था।

अनु को बस घर तक छोड़ गई। ड्योढ़ी, गलियारे, दालान पार करती हुई वह ऊपर आई और किताबें चारपाई पर पटक दीं। बरामदे में जाली की अलमारी थी, जिसमें रोज उसके शाम के नाश्ते के लिए पराँठे और सूखी तरकारी रख दी जाती थी। उसने डिब्बा निकाला और इधर-उधर देखे बिना, पराँठे का कौर तोड़कर मुँह में दबा लिया। चुभलाती हुई आँगन के नल तक गई, हाथ धोकर चैन से खाने के लिए। तौलिए से हाथ पोंछकर जब इधर-उधर देखा तो पाया कि बड़ी मामी के कमरे के बाहर कुर्सी पर बैठा एक अतिथि हल्का-हल्का मुस्कुराता हुआ उसका सारा कार्यकलाप देख रहा है। अनु ने हड़बड़ाकर डिब्बा उठाया ओर भागकर छोटी मामी की ओर चली गई।

मामी चारपाई पर लेटी कोई किताब पढ़ रही थीं। उन्होंने पैर जरा-से हटा लिए और वह वहाँ अदवायन के पास बैठ गई।

“नानी के पास कौन लोग आए हैं?”

“बड़ी लल्ली हैं, उनका बेटा।”

छोटी मामी ठसकेवाली हैं। अपने आप नहीं जाएँगी। बुलावा आएगा, तभी जाएँगी। वैसे एकदम तैयार लेटी हैं। मुर्शिदाबादी सिल्क की साड़ी, कंघी-चोटी से दुरुस्त। नई चूड़ियाँ।

"बड़ी लल्ली ठहरेंगी?"

"शायद ठहरे। डौली बीबी को देखने आई हैं।"

"डौली बीबी को क्या हुआ है?"

"शादी के लिए देखने आई हैं। कूढ़मगज कहीं की!" वह दुलराकर अनु को गाली देती हैं।

"बड़ी लल्ली ने डौली दीदी को पचासों बार देखा है।" अनु ने कहा।

"उन्हीं ने तो पसन्द किया है। अपने आप रिश्ता माँगा है, पर बेटा विलायत से आया है, उसके पसन्द करने की बात है।"

"तो?"

"तो क्या, बड़ी लल्ली गोद भरने की सारी तैयारी करके आई हैं। सतलड़ा हार दे रही हैं, बीस तोले का। ताँगे से दो बड़े बकस उतरे हैं, बेटू, बहू लेकर ही वापस जाएँगे।" तभी प्रतीक्षित बुलावा आ जाता है। बड़ी लल्ली छोटी बहू को बुलवा रही हैं। मामी एकदम उठकर बैठ जाती हैं। हाथ से साड़ी ठीक करती हैं, मोहनमाला सँभालती हैं और चली जाती हैं।

अनु किताब उठा लेती है। एक हाथ से पराँठा तोड़कर तरकारी से छुआकर मुँह में रखती है और दूसरे हाथ में किताब लिये पढ़ने में लीन हो जाती है।

"क्या किताब पढ़ रही हैं आप?"

प्रश्न पर वह चौंक उठती है। कटोरदान झनझनाकर नीचे गिरता है और वह हड़बड़ा उठती है। बेटू ही होंगे। एकदम चुस्त-दुरुस्त। एकदम विलायती सूट-बूट, रौबदार। शायद बड़ों के लिहाज से इधर सिगरेट पीने चले आए हैं।

"पता नहीं।" वह उलटकर मुखपृष्ठ देखती है। फिर बेटू के आगे बढ़ा देती है।

"आप स्कूल जाती हैं?"

"जी, बी.एस-सी. में।"

"अच्छा।"

कुछ देर बेटू चुपचाप उसे देखते रहते हैं। फिर जैसे सिगरेट बुझाने के लिए राखदानी को तलाशते हैं, तब सिगरेट छज्जे की रेलिंग पर कुचलकर बुझा देते हैं। कुछ देर बुझा सिगरेट हाथ में पकड़ खड़े रहते हैं।

"इसे कहीं फेंक सकोगी?"

अनु हाथ बढ़ाकर सिगरेट ले लेती है।

मामी दुलार में अनु की चोटी करती हैं, भौंहों के बीच बिन्दी लगाती हैं। अन्दर से वही बनारसी साड़ी निकालकर उसे पहनाती हैं। फिर कहती हैं, "चलो, बड़ी लल्ली जब गहना पहनाएँ तो झुककर पैर छूना, ऐसे। खबरदार जो नजर उठाई। बरोबर नीचे देखना और बेटू की तरफ तो हरगिज मत देखना।"

रात को छत पर पेट्रोमैक्स जल रहा है। दरी और चाँदनी बिछी है। खाना-पीना हो रहा है। हँसी-ठट्टा, बातचीत। मामी धड़ाधड़ पूड़ियाँ छान रही हैं। अनु निश्चल बैठी है। सिर झुकाए। उसकी गर्दन दुख रही है। कनखी आँख से बड़ी लल्ली की तरफ ताकती है। उनका चेहरा लटका हुआ है। वह खुश होने का प्रयत्न तक नहीं कर रही हैं।

अनु मन-ही-मन तीसरे पहर से लेकर अब...अब आधी रात तक की बातें मन में गुनती है।

शाम को डौली दीदी के घर जाना था, चाय पर। पूरा घर तैयार था। नानी, मामियाँ, ममेरी बहनें, मामा लोग। फिर बड़ी लल्ली उठकर आईं। काफी देर तक मामियों से बातें होती रहीं, फिर छोटी मामी झपटती हुई आईं, अनु को जल्दी-जल्दी तैयार किया और नानी के दालान में ले गईं। अनु ने सीख के अनुसार ही किया। डौली दीदी के घर से आदमी पर आदमी आते रहे, फिर बाद में जब डौली दीदी के पिता खुद आए तो बड़ी लल्ली रो पड़ीं। "मैं क्या करूँ, बताइए। बेटू जिद पकड़ गया है। उसे अनु पसन्द आ गई है। कहता है, अब डौली को देखकर क्या होगा! बच्चा तो है नहीं। इतनी मुश्किलों से तो वापस आया है, शादी करने को राजी हुआ है। वह तो बचपन का जिद्दी है, जो ठान लेता है, वही करता है, चाहे दुनिया इधर-से-उधर हो जाए।" अनु अन्दर बैठी है, सुन रही है। सुबह ऊँची-सी सलवार पहनकर कॉलेज गई थी। चाट खाई थी। इस समय एकदम नई साड़ी और सतलड़ा पहने किन्हीं बेटू की वाग्दत्ता बनी बैठी है। वह हतबुद्धि है। डौली दीदी बँगले में रहती हैं, मोटर में कॉलेज जाती हैं, उनके पिता नामी वकील हैं। डौली दीदी तो कभी अनु से सीधे मुँह बात भी नहीं करतीं।

सारे तूफान, हलचल के बीच अनु चुप है। उससे कुछ पूछा नहीं जाता, उसे कोई कुछ नहीं बताता, पर घर में जो उल्लास है, उसे वह देखती है। कान में भनक पड़ती रहती है, बेटू की चारों बड़ी बहनें चार आँधियों की तरह आ

जुटी हैं—तुमने एक गरीब लड़की का उद्धार कर दिया बेटू भइए। क्या है इनमें, जो बेटू इत्ते आसिक हो गए...बिच्छू की तरह डस लिया भइए को, क्यों भाभी? मन्तर आता है?

अनु चुप-चुप मन में गनुती है—आप स्कूल जाती हैं? क्या सब्जेक्ट लिए हैं? वह ऊँची-ऊँची सलवार पहने है और छोटी मामी की किताब पढ़ रही है, जिसका नाम उसे मालूम नहीं और एकाएक उसे बेहद डर लगने लगता है। दिल धड़-धड़ करता है, कोई उसे कुछ बताता क्यों नहीं? कुछ कहता क्यों नहीं? आसपास सब अपने-अपने में मग्न हैं, पतियों, बच्चों, दामादों, शॉपिंग, खाने-पीने, हो-हल्ले में।...स्टेशन से टैक्सी में किसी अज्ञात दिशा की ओर जा रहे हैं। अनु अब कुछ नॉर्मल महसूस कर रही है, ससुराल की भीड़-भाड़ से निकलकर। उसकी शादी हो गई है और वह प्रणव कुमार नाम के व्यक्ति के साथ विलायत जा रही है। सारा गहना-गुरिया, कपड़ा-लत्ता, बड़ी लल्ली—अब सास—ने सहेज लिया है। वहाँ क्या करेगी? बड़ी लल्ली सुनाकर कहती हैं, "वहाँ बेटू फराक पहनाएँगे—बहुत शौक से बियाह के लाए हैं तभी।"

होटल की खिड़की से वह बाहर देखती है। दूर-दूर तक दिल्ली बिखरी हुई है, इसके पार भी बहुत कुछ है।

अनु झमझम करती साड़ियों में प्रणव कुमार नाम के पति के साथ दिल्ली में घूमती है। एम्बेसी की भीड़, सड़कों की भीड़ दुकानों, गलियारों की भीड़। बेटू की नक़ल करती हुई काँटा-छुरी पकड़ती है। गुदगुदे पलँग पर लेटी-लेटी छत ताकती है। पास पड़ा पुरुष गहरी नींद में सोया रहता है। तो यह होता है ब्याह हो जाना, पुरुष का साथ। अनु को सबकुछ अच्छा लगने लगता है।

"आज रात को पौने तीन बजे फ्लाइट है।" प्रणव ने उससे कहा। फिर उसे एक मोटी गड्डी थमाते हुए कहा, "यह रुपए बच गए हैं, इनसे कुछ शॉपिंग कर लो। बचाना मत, ले जा नहीं सकते।"

अनु ने धीमे से पूछा, "कितने हैं?"

"होंगे सोलह-सत्रह हजार। साड़ी-वाड़ी चाहिए तो ले लो।"

अनु स्तब्ध, हक्की-बक्की, अवाक्। जिन्दगी में कभी पूरे सौ रुपए भी हाथ में नहीं आए थे। वह नोटों की गड्डी को पकड़े खड़ी रही।

"क्या बात है?" प्रणव ने टाई बाँधते-बाँधते रुककर पूछा।

"आप चलेंगे न?"

"मुझे तो समय नहीं है। तुम रेखा के साथ चली जाओ। उसे सब मालूम है।..."

अनु ने रुपए रेखा भाभी को सहेज दिए। दोनों गाड़ी में बाजार गईं। रेखा प्रणव की पुरानी सहपाठिनी थी, उसने बार-बार पूछा, "क्या चाहिए आपको? साड़ियाँ, गहने, हीरे के बूँदे?"

अनु ने सजी हुई दुकानों को देखा—उसे जो भी पसन्द आ जाए, वह लिया जा सकता था। कोई भी साड़ी, छह साड़ियाँ भी, अगर वह चाहे तो दर्जन-भर सैंडिल? वह चुप खड़ी रही, एक अनजान भय और उल्लास से।

"बताइए न?" रेखा की आवाज में हलकी झुँझलाहट आने लगी थी।

"कुछ समझ में नहीं आ रहा है।"

"पसन्द क्या है? किसी चीज की विशेष इच्छा है?" रेखा ने पूछा।

"चाँदी का गुच्छा चाहिए।" अनु को एकदम याद पड़ा, दिव्या की मामी के जैसा, "और कुछ सूती साड़ियाँ और दो लड़ मोती की माला, एक जोड़ी सुनहरे सैंडिल।"

"उसके बाद?"

"और कुछ नहीं।"

एयरपोर्ट पर छोड़ने आई रेखा हँस-हँसकर प्रणव को बताने लगी, "बड़े लकी हो यार, कितनी सीधी-सादी लड़की मिली है! पूरी शॉपिंग के बाद भी साढ़े चौदह हजार अनु के पर्स में पड़े हुए हैं। मुझे कभी अनुपम ऐसा अवसर ही नहीं देते।" प्रणव ने अधीरता से पुष्पमाला गले से अलग कर दी और अनु से पूछा, "सच है?"

"हूँ—कुछ समझ में नहीं आया," अनु ने कहना शुरू किया। एयरपोर्ट में शॉपिंग आर्केड में दुकानें खुली हुई थीं, वहाँ जाकर प्रणव ने रुपए खड़े-खड़े खर्च कर दिए। उस क्षण अनु को सब एकदम अयथार्थ, एक सपना-सा लगने लगा। एयरपोर्ट की भीड़-भाड़, चमकीली बत्तियाँ, प्रणव के हाथों से सरकते नोट—यह क्या सच हो सकता है? उसका सिर घूमने लगा, उसने खम्भे को कसकर पकड़ लिया। प्रणव ने उसे काँपते हुए देखा—अनु, क्या बात है—उसकी आवाज दूर-दूर होती गई। ठंडे पानी के स्पर्श से उसने आँखें खोलीं, वह ज्वेलरी की दुकान में कुर्सी पर बैठी हुई थी। भन-भन करती आवाजें उसके कान में पड़ती हैं, "दुलहन है, बाहर जा रही, फेंट हो गई..." प्रणव उसे सँभाले हुए था, उसकी बाँहें कितनी मजबूत लग रही थीं, उसका सहारा कितना सुरक्षित!

रेखा ने रूमाल से उसका माथा पोंछा। दुकान के मालिक उसके लिए चाय की प्याली लेकर आए, अनु कुछेक घूँट पीकर सुस्थ हुई, अपने को समेटा, सँभाला, कपड़े ठीक किए, उठकर खड़ी हुई।

रेखा ने एकदम पिघलकर कहा, ''प्रणव, टेक केयर ऑफ हर, शी इज जस्ट अ किड।''

जहाज में बैठने के बाद भी, अनु को तब भी रह-रहकर कँपकँपी-सी आती रही।

''मैं तुम्हें रानी बनाकर रखूँगा।'' प्रणव ने पुचकारते हुए बहुत मुलायमियत से कहा, ''सारे शहर की रानी, पूरे हिन्दुस्तानी, पाकिस्तानी ग्रुप की रानी। घबराने की कोई जरूरत नहीं है। लो, जूस पी लो, रोओ मत।''

एयर इंडिया की लड़की ने उसके आगे जूस का गिलास बढ़ा दिया। वह न जाने किस देश के ऊपर उड़ रहे होंगे, अनु ने आँखें फाड़-फाड़कर बाहर देखना चाहा, पर खिड़की में अन्दर का ही अक्स था, देश बहुत पीछे छूटा जा रहा था, अनु को एक-एक करके सबकी याद आई, मरे हुए माँ-बाप, छोटी मामी, कॉलेज की सहेलियाँ, बड़ी मामी के बच्चे, अपनी कोठरी का छोटा-सा सीमित सन्तुष्ट संसार। उसे पहली बार लगा कि उसके लिए प्रणव एकदम अपरिचित है, वह उसके बारे में कुछ छिटपुट बातें छोड़कर कुछ नहीं जानती। यह पुरुष उसे कहाँ ले जा रहा था? अनु के पेट में बड़ा-सा बगूचा उठा और हलक में अटक गया, वह फिर रो पड़ी। उसे तो अंग्रेजी बोलनी भी नहीं आती। जिसकी कभी परिकल्पना भी नहीं की थी, वह जैसे पलक झपकते ही हो गया था। अनु सोच उठी—उसे तो अम्माँ की इच्छा अनुसार पढ़ना था, उसकी शादी की बात तो अभी उठी ही नहीं थी। अभी तो उसकी सहेलियों की बड़ी बहनें ही कुँवारी थीं। अनु ने सीट से सिर टिकाकर लम्बी साँस ली। यह सच था कि कहीं एक बहुत गहरे स्तर पर उसे यह सब अच्छा लग रहा था—अपनी हल्के-हल्के जागती हुई देह पर प्रणव की दुलार-भरी हथेलियाँ, चूड़ियों-भरे अपने हाथ, बिछुओं के घुँघरू। विशिष्ट होने का एक तोष-भरा सुख, जैसे एयर इंडिया की लड़की का बिना कहे तकिया और कम्बल ला देना, जबकि दूसरे यात्रियों के कई बार माँगने पर भी वह लड़की बार-बार पास से उनकी अवज्ञा करती हुई निकल गई। यह सब प्रणव की वजह से ही तो। अनु जैसे पहली बार बगल की सीट पर बैठे हुए पुरुष को देखती है, वह निःशब्द, अनझिप उसे ताकती है। फिर उसने एयर इंडिया की लड़की को अपनी तरफ आते हुए देखकर जल्दी से आँखें पोंछ लीं। लड़की काफी काली थी, मगर थी खूब बनी-ठनी, ऊँची एड़ी का जूता पहनकर कमर लचकाती हुई चलती थी। जब प्रणव के आगे से गुजरती, एक उजली मुस्कान उसकी तरफ फेंक देती।

अनु ने एक क्षण में निश्चय कर लिया कि वह सबकुछ नया सीखेगी, टिपटाप रहना, फैशन करना, इस लड़की की तरह मुस्कराना। हर तरह से प्रणव को खुश रखने की कोशिश करेगी।

हवाई जहाज ने जैसे सैकड़ों यात्रियों को एक बड़ी हिचकी के साथ उगल दिया, दिल्ली से हर चीज सौ गुनी बड़ी, सौ गुनी ज्यादा। कितने लोग, कितनी मोटरें, कितनी बसें, कितनी खचपच। प्रणव को लेने उसके कई सारे मित्र आए थे—बधाई, बधाई, स्वागत, स्वागत—शब्दों में वह डूब गई। कुछ नाम उस तक उड़ते-उड़ते आए—डॉक्टर शाहा, सन्दीप, केशव और उस भीड़ में गड्ड-मड्ड हो गए।

एयरपोर्ट से तैंतीस मील दूर वह लोग पहले डॉक्टर शाहा के घर ही आए। गाड़ी के रुकते ही दो बड़े-बड़े कुत्ते भौंकते हुए आए और प्रणव को पहचानकर पूँछ हिलाने लगे। पोर्च में मिसेज शाहा खड़ी थीं, नाटे कद की, कसा चौकस शरीर, गले में मोतियों की लड़ें-ही-लड़ें। कुछ इठलाकर कहा, "झुमके निकालो तो अन्दर जाने को मिलेगा।"

लोग हँसे। प्रणव ने कहा, "कैसे झुमके?"

"कैसे झुमके?" विभा बोली, "ब्याह करके लाए हो तो मुझे झुमके भी नहीं दोगे? भाभी यों ही बना रखा है?"

"सबकुछ तुम्हारा ही है भाभी!" प्रणव ने कहा। उसने जेब में हाथ डाला और नीले मखमल की एक डिब्बी विभा के हाथ में रख दी। अनु ने पहचानी, एयरपोर्ट की ज्यूलरी दुकान से ली गई थी। विभा ने डिब्बी खोली। उसमें हीरों के लम्बे-लम्बे बूँदों की जोड़ी थी। वह एक छोटे क्षण चुप खड़ी रह गई, फिर हँसी से अपनी आवाज का फीकापन ढकते हुए कहा, "क्यों मजाक कर रहे हो?"

"मजाक नहीं विभा," प्रणव ने कहा, "तुम्हारे लिए ही हैं। मुझे मालूम था कि तुम्हें यही जँचेंगे।"

"सो स्वीट ऑफ यू, बट आइ कांट..." कहते हुए विभा ने डिब्बी वापस उसकी जेब में डाल दी और उसकी बाँहें पकड़कर कहा, "चलो, अन्दर चलो।"

मेज पर विभा ने ढेर सारा खाना सजा लिया। शराब की बोतलें खुलने लगीं। अनु कुर्सी पर चुपचाप बैठी रही और सब कुछ ऐसी देखती रही कि वह इस दृश्य का केन्द्र नहीं, मात्र दर्शक हो।

"क्या ये कुछ बोलती नहीं?" विभा ने पूछा। उनका इशारा अनु की तरफ था।

“तुम सिखा दो–बोलना, अपनी तरह पहनना, ओढ़ना, सबकुछ!” प्रणव ने कहा।

विभा के चेहरे से लगा, उन्हें यह बात अच्छी लगी है, “ठीक है, तो मेरे पास छोड़ जाओ, मैं बिलकुल तुम्हारी पसन्द में ढाल दूँगी।”

अनु कहीं गहरे डूबकर और भी चुप हो आई। उसकी आँखें एकदम चौंधियाई हुई थीं, वह बिलकुल अभिभूत थी–घर से, मोटर से, विभा के कपड़े-लत्तों से। मेज पर खाने की इफरात से–दही की पकौड़ी, मटर-पनीर, भरवा भिंडी, कोफ्ते, कबाब, चिकन, पंजाबी छोले-भटूरे, खस्ता कचौरियाँ।

“प्रणव को रसगुल्ले बहुत पसन्द हैं,” विभा ने प्लेट में रसगुल्ले डालते हुए कहा, “खाने के साथ जब तक कई अचार न हों, प्रणव के गले से कौर नहीं उतरता। प्रणव को साफ-सुथरा, झकझक करता हुआ घर पसन्द है, पर यह सब तो शादी से पहले तुम्हें बताया ही होगा?”

“नहीं।”

“नहीं?” विभा ने अचरज ने कहा, “शादी से पहले डेटिंग में यह सब नहीं बताया?”

“डेटिंग नहीं की।” अनु ने कहा।

“डेटिंग नहीं की?” विभा हर बात दोहराती है, “यहाँ तो कहते थे कि हर तरह से ठोंक-बजाकर देखूँगा।”

प्रणव उनके पास आकर खड़ा हो गया था, “यहाँ की बातें और थीं, वहाँ तो इन्हें देखा और रीझ गया।”

“तुम और तुम्हारा रीझना–लो, रसगुल्ले खाओ। आज पूरे दिन अस्पताल की छुट्टी लेकर मैंने खाना बनाया है।”

“भाभी डॉक्टर हैं।” प्रणव ने अनु से कहा, “इनसे बहुत कुछ सीख सकोगी।”

“डॉक्टर विभा से नहीं सीखेंगी तो किससे सीखेंगी?” किसी स्त्री ने कहा। स्वर में व्यंग था, कटुता भी।

प्रणव का हाथ हल्के से अनु की कमर को घेरे हुए था, अनु को शर्म लग रही थी, इतने लोगों के सामने, पर वह अपने को अलग न कर सकी।

“आज रात यहीं रह जाओ।” विभा ने पास आकर कहा।

“आज तो रात अपने ही घर में काटने दो विभा,” प्रणव ने कहा, “अनु भी थकी हुई है।”

“ये लो चाबी,” विभा ने चाबी को उसके आगे हिलाते हुए कहा,

“बधाई प्रणव, हाथ तुमने गहरा मारा; बहुत प्यारी-सी बहू लाए हो। इधर कब आओगे?”

“जल्दी ही, भाभी, जल्दी ही।”

अपना घर! अनु को विश्वास ही नहीं होता। अपना घर–कितने कमरे, कितनी बड़ी रसोई, तीन-तीन बाथरूम। सामने के दरवाजे पर फूलदार नक्काशी है, अन्दर गलियारा, बैठक, खाने का कमरा, सब जगह दीवार-से-दीवार तक कार्पेट, झाड़-फानूस।

“कैसा लगा घर?” प्रणव ने पूछा।

“बहुत अच्छा है।” अनु ने कहा, वह पलँग की पाटी पर बैठी थी। जैसा चौड़ा और बड़ा गलियारा है, उतनी जगह में तो छोटी मामी का पूरा कमरा समा जाएगा, उनकी दो खाटों, सन्दूक, मेज और सारे ताम-झाम समेत और अपना सोने का कमरा–बड़ा पलँग, पास में टेलीविजन रखा था, रंगीन टेलीविजन, कमरे के बाहर बॉलकानी है। उसमें फूलों की डालियाँ टँगी हैं।

“वह गाड़ी उन लोगों की है?” उसने पूछा।

“किनकी?” प्रणव ने पूछा।

“जो लोग एयरपोर्ट से लाए थे?”

“नहीं,” प्रणव हँसकर बोला, “वह अपनी गाड़ी है–तुम्हारी और मेरी। अभी खरीदी है। मालूम है, कितने की है?”

“नहीं।”

“तैंतीस हजार की, रुपए नहीं, डॉलर की। मालूम है, यह घर कितने का है? सवा लाख डॉलर का।”

अनु मन-ही-मन दस से गुणा करती है। बाप रे! इतना!

“मैंने कहा था न कि रानी बनाकर रखूँगा।” प्रणव ने टाई ढीली करते हुए कहा, “यह सब तुम्हारा है अनु, अब तुम्हें यह सँभालना होगा।”

“मुझे तो कुछ नहीं आता, कैसे होगा?”

“मैं सिखाऊँगा, अधीर क्यों होती हो!”

अनु बहुत घबरा उठती है। कितनी नई-नई चीजें, नए विचार, नए लोग, रानी? राजपाट? “मुझसे नहीं हो पाएगा।”

“अनुका!” प्रणव उसके कन्धे पकड़ लेता है, “मैं यह नहीं सुनना चाहता। सबकुछ सम्भव है। हम सम्भव कर सकते हैं। हम-तुम मिलकर सितारों को छुएँगे। दुनिया जलेगी और हम दुनिया को जलाएँगे।”

“क्यों?”

"तुम किसी दिन समझोगी। अभी नहीं। आज नहीं। मैं नम्बर वन रहना चाहता हूँ, हमेशा। घर, गाड़ी, प्रैक्टिस, हर चीज में सबसे ऊपर। तुम्हें मेरा साथ देना होगा।"

अनु ने यह बात ग्रहण की है। वह मन-ही-मन निश्चय करती है, वह भी नम्बर वन बनेगी, प्रणव की हर ख्वाहिश पूरी करेगी, सबकुछ सीखेगी। प्रणव बिस्तर पर लेटा है, थोड़े-से नशे में। अनु पास बैठी है, सुन रही है, कुछ समझती है, कुछ नहीं समझती।

"रानी होने के लिए यह जरूरी है कि प्रजा हो। हम दोनों मिलकर प्रजा बनाएँगे, प्रजा को जीतेंगे।"

"कैसे?"

"किसी को मीठी बातों से फुसलाकर, किसी को खिला-पिलाकर, किसी को विनम्रता से, किसी को रूप की चकाचौंध से।"

थके होने पर भी अनु को नींद नहीं आती। छत सपाट है, नीले रंग की, होटल की तरह नहीं। प्रणव हलके-हलके खर्राटे लेता है। अनु इतना जानती है कि वह दिन—स्कूली बेफिक्री, अल्हड़पन के दिन गए, अब जो कुछ है सब नया है, शायद इसीलिए बहुत लुभानेवाला। पहले उसके बाल सँवरवाए जाते हैं। फिर मेकअप करने का पाठ मिलता है। नाखून रँगे गए हैं, भौंहें सँवारी गई हैं। ढेर सारे डिब्बे सँभाले हुए अनु गाड़ी से उतरती है। एकाएक प्रणव से आँख मिलती है और उसका दिल एकदम उमड़ आता है, अपरिचित अनाम भावों से। उसे प्रणव बहुत अच्छा लगने लगता है, माथे के तिल से लेकर पाँव के अँगूठे तक। उसका डर, सारा नयापन एकदम से घुल जाता है। व्रत-कहानी के अन्त में मामी कहती है—जैसे उनके दिन फिरे—अनु के दिन भी वैसे ही फिर गए हैं।

अनु के चारों तरफ सामान बिखरा है, ऊँची हील के जूते, पर्स, साड़ियाँ, लिपस्टिकें और बीच में वह बैठी है और खूबसूरती से रँगे हुए अपने नाखूनों को सराह रही है। छोटी मामी यह सब देखें तो क्या कहें! डौली दीदी तो जल-भुनकर कोयला हो जाएँ। रूप? कहाँ छिपा था अब तक यह रूप? किसी से कभी बताया क्यों नहीं? कभी कहा तक नहीं। प्रणव ने उसे ढूँढ़ निकाला है, प्रणव उसे माँज रहा है, वह कृतज्ञता से प्रणव के पैरों पर समर्पित हो गई है। प्रणव का मन काम में नहीं लगता, विशेष तौर से आजकल अस्पताल के काम में। घर लौट आता है और अनु को कुछ नहीं करने देता। शाम की चाय का वक्त निकल जाता है, शाम झुक आती है और प्रणव उसमें डूबा रहता है, जैसे कभी छकता ही नहीं।

अनु के चेहरे पर बिंदी रंग मारती है। तो यह होता है प्यार। ऐसा होता है पुरुष का साथ।

अनु को अब किसी की याद नहीं आती–न कॉलेज की, न मामी की, न देश की। बस, वह है और प्रणव है, छोटी-सी पहाड़ी पर पाँच शयन-कक्षोंवाला घर है, गैरेज में गाड़ी है, हर सप्ताहांत नए-नए दोस्तों के साथ पार्टियाँ हैं। प्रणव ने सचमुच उसके लिए प्रजा जुटा दी है, हर कॉफी पार्टी, हर लंच, हर डिनर में मिसेज कुमार निमन्त्रित होती हैं। हर सुबह प्रणव से मशविरा होता है कि कौन-सी पोशाक पहनी जाए, कैसी साड़ी है, कैसा गहना। कैसे उठना-बैठना चाहिए, किस पार्टी में आतिथेया के प्रति विनीत हुआ जाए और किसके यहाँ पति के पद की महत्ता से कम बोला, कम खाया जाए। सबकुछ अनु को बहुत माफिक आ रहा है। मामी को वह लम्बी-लम्बी चिट्ठियाँ लिखती है–चीजें, कितनी सारी चीजें हैं मामी, आपको क्या लिखूँ। हर चीज जुटा दी है। अनु लिखते-लिखते रुक जाती है, उसे बचपन में खिलौने नहीं मिले थे, चूल्हा-चक्की, जापानी टी-सेट, बबुए, हमेशा घर की बनी गुड़िया से ही खेलती आई थी। अब यह सब उसके खेल, उसके मन बहलावे के लिए ही तो हैं। अनु आगे लिखती है–कैसी अजीब-अजीब चीजें हैं, घर-गृहस्थी चलाना, बस खेल लगता है। सबसे अजीबो-गरीब, मिनटों में खाना पका के रख देनेवाला ओवेन, माइक्रोवेव कहते हैं उसे।

बर्तन धोने की मशीन।

कपड़े धोने और सुखाने की मशीन।

चावल अपने आप पकाने का बर्तन। ऐसा खिलवाँ चावल बनता है कि क्या कहूँ। कॉफी बनाने की मशीन–रात में बटन दो, कॉफी और पानी डाल दो, सुबह गरमागरम कॉफी तैयार हो जाती है।

खाना गरम रखने की ट्रे।

फ्रांस का फूड प्रोसेसर।

अनु दाँतों से कलम कुटकती है। सोचती हुई, क्या-क्या लिखे, दो-दो टेलीविजन, दोनों रंगीन, मर्सेडीज गाड़ी, एयरकंडीशन और स्टीरियो सहित।

चीजें, कितनी चीजें हैं मामी–अनु लिखती है और रुककर पढ़ती है।

फिर वह पत्र को चिन्दी-चिन्दी करके फेंक देती है और कलम उठाकर रख देती है।

छोटी मामी हमेशा कहती आई हैं–'तेरा क्या होगा लड़की? तूने दुनियादारी

नहीं सीखी, आदमी को पहचानना नहीं जाना। हरेक पर भरोसा कर लेती है, हरेक को अपना मान लेती है, कैसे कटेगी जिन्दगी!'

बड़ी मामी उसका अधबुना स्वेटर उठाकर सबको दिखा रही हैं और जनता ठहाके लगा रही है। एक बाँह धुन में बुनती चली गई है और वह घुटने तक लटक रही है, टेढ़ी-मेढ़ी सतरें, जगह-जगह गिरे हुए फंदे से छेद। उसका चेहरा देखकर छोटी मामी कहती हैं, 'लड़की, तेरा सिर कहाँ रहता है? तू कुछ देखती नहीं, गुनती नहीं? कैसे कटेगी जिन्दगी!' अब उसे देखें!

अनु ऊँची एड़ी पहनकर एयर इंडिया की लड़की की तरह खट-खट करती हुई चलती है, वैसी ही साड़ी बाँधती है, वैसे ही भौंहों के बीच बिन्दी सटाती है, वैसे ही सिर जरा टेढ़ा करके मुस्कुराती है और प्रणव की तरफ तिरछी नजर से देखती है।

अनु सारा-सारा समय गृहस्थी सहेजने में निकाल देती है। सुबह से ही हर चीज की झाड़-पोंछ, धुलाई-सफाई शुरू हो जाती है। अंतर्राष्ट्रीय महिला संघ की तरफ से पैंफलेट मिला है। उसके अनुसार अमेरिका में कैसे सुघर गृहिणी बनकर रहा जाए, यह सब उस पर्चे में है। उस पर हर चीज व्यवस्थित, तरतीबवार हो, ऐसी प्रणव की पसन्द है। वह छोटे मामा की तरह पलँग पर तौलिए या कपड़े नहीं फेंकता, न गुसलखाने में कुछ नीचे-ऊपर बिखराता है। गन्दे कपड़े वह अपने आप इसी काम के लिए बने बड़े छेद से नीचे डाल देता है और कपड़े धुलाई की मशीन के पास रखी बॉस्केट में आकर गिर जाते हैं।

अनु सुबह से धुलाई, सफाई, झाड़-पोंछ, बनने-सँवरने में लगी रहती है। शाम को कपड़े बदलकर, लिपस्टिक लगाकर प्रणव के लौटने का इन्तजार करती है। एक नियत मुस्कान से उसका स्वागत करती है। प्रणव कमरे में जाकर अस्पताली कपड़े उतारकर अगर घर में ही रहना हुआ तो पाजामा, कुर्ता पहन लेता है। फिर वह व्हिस्की पीता हुआ टी.वी. की खबरें सुनता है। अनु खाना गरम करती है, दोनों साथ-साथ खाते हैं। एक सुखद चुप्पी में, सबकुछ साफ-सुथरा एक अच्छी सी पार्सल की तरह बँधा जीवन। कभी मूड होने पर उसे बाहर ले जाता है। अनु जो भी कहती है, तुरन्त खरीद देता है। अनु के घर के एक कमरे में चीजों का ढेर लगना शुरू हो गया है। अलमारियों में चीजें सँजोते हुए अनु को अक्सर बेंत का अपना बक्स याद आता है।

इस बँधी-बँधाई दिनचर्या के बीच कभी-कभी अस्पताल से फोन आ जाता, हाँ, कुमार इमरजेंसी में व्यस्त हैं, देर हो जाएगी। डॉ. कुमार ओ.आर. में हैं, कई घंटे लग सकते हैं। तब अनु अकेली रह जाती। स्टोव पर रखा भुट्टे और

मुर्ग का सूप ठंडा होकर जमने-सा लगता, फिर भी जब तक प्रणव न लौटता, वह भूखी-प्यासी इन्तजार में बैठी रहती, जैसे छोटी मामी मामा के दौरे पर से लौटने की प्रतीक्षा में बैठी रहती थीं। 'सखी सम्मेलन' में अनु शादी के बाद ही सम्मिलित कर ली गई थी, उसकी स्थायी सदस्याएँ थीं–रूपल, कंचन, कीरत, रानी, विभा और मिनि। वैसे विभा को छोड़कर सभी गृहिणियाँ थीं। विभा की सहूलियत के लिए ही 'सखी सम्मेलन' हर बुधवार की दोपहर को होता था जो कि उसका ऑफ डे होता था। फिर भी विभा कम ही आती थी। कार्यक्रम होता था–लंच या चाय, तरह-तरह के पकवान, कभी-कभी बाहर खाने चली जातीं, कभी दो-तीन गाड़ियों में भरकर किसी सेल में या साड़ीवाले के पास और सभी एक-सी शॉपिंग करतीं, एक-सी चीजें खरीदतीं–सिवा अनु के, क्योंकि प्रणव के बिना कोई खरीददारी उसे अच्छी नहीं लगती थी।

वहाँ जाते-जाते अनु को बहुत-सी फालतू बातें पता चल गई थीं। विभा को अपनी डॉक्टरी का घमंड है, मिनि को घर की जायदाद का। कंचन के भाई की अलमारियों की छतों पर ब्लेक के रुपयों की गड्डी-की-गड्डी रखी रहती हैं, रद्दी अखबारों के नीचे। घर में ज्यादातर राजकिशोर ही शाम का खाना पकाते हैं, नीरजा चरित्र की ज्यादा अच्छी नहीं है। प्रणव पर भी डोरे डाला करती थी।

'सखी सम्मेलनों' में हर तरह की बात होती है–खाने की, कपड़े की, टेलीविजन शो की, इंडिया एसोसिएशन की, पिक्चर की, पड़ोसियों की।

"वाटरमैन फिर नई लड़की पकड़ लाया है। उसकी बीवी भी बिगड़े दिमाग की है। इतना अच्छा घर, मियाँ, बच्चे छोड़कर भी प्रेमी के साथ चली गई।"

"यह सब यहीं होता है, हमारे इंडिया में नहीं, यहाँ बड़े-बड़े भी टीनेजर की तरह हैं।"

"इंडिया में नहीं होता, क्योंकि हम औरतें क़ायर हैं। चित भी अपनी, पट भी अपनी। पर्दे के पीछे सब होता है, खुले में नहीं।" नीरजा ने कहा।

"इंडिया में कहाँ होता है? बिलकुल नहीं होता। हमने तो कहीं न देखा, न सुना।" रानी ने कहा।

"वाटरमैन की बीवी को सूझा क्या?"

"अच्छे घर, मियाँ और बच्चों के बावजूद एक औरत को कुछ खाली-खाली लग सकता है।" विभा ने कहा। सभी उसकी ओर देखने लगे।

"हाँ, अकेलापन तो है, पर पराये मर्द के साथ मजे करना तो शराफत

नहीं।" कीरत ने कहा।

"तो अब हर रात नींद की गोली खाना, शराब पीना ठीक है?" विभा ने कीरत को देखते हुए कहा।

"गोली खाने से, शराब पीने से अपने पर ही पड़ती है न, दूसरे की बेचारी बीवी पर तो नहीं बीतती। अपने स्वार्थी प्यार के लिए किसी मासूम की जिन्दगी क्यों बिगाड़ी जाए?" कीरत ने तेजी से जवाब दिया।

"यह तो उन मियाँ-बीवी के बीच की बात है। एक आदमी प्रेमिका भी रख सकता है, बीवी भी।" विभा पीछे नहीं हटनेवाली थी।

"पर यह गलत है, है कि नहीं?" सभी औरतें अपनी-अपनी राय देने को उतावली, एक-दूसरे की बात काटती हुई, कोई किसी की न सुनती हुई। सिर्फ अनु चुप है, उसे कुछ नहीं कहना है, वह इन सब झगड़ों, प्रपंचों से दूर है। उसकी कोई राय नहीं है, सबकुछ उसे बिना छुए निकल जाता है। वह हल्के हरे रंग की शिफौन की साड़ी पहने हुए है और उससे मैचिंग शेड का कंगन धीरे-धीरे छू रही है और इन्तजार कर रही है कि प्रणव का फोन आए तो उसे यहाँ से छुट्टी मिले।

कभी-कभार आतिथेय बनना प्रणव को भाता है। तीन पीस का सूट, काले लेबिलवाली जानीवाकर। अनु तीन दिन पहले से खाना पकाना शुरू कर देती है। उसे डॉक्टर विभा से कुछ सीखने की जरूरत नहीं पड़ती। बहुत सारी कुकिंग तो प्रणव स्वयं करता है। मछली, मुर्ग-टिक्का, उसे अपने आगे किसी का नहीं जँचता। हर सप्ताहांत देर-देर तक दावतें चलती हैं, खाना-पीना, हँसी-मजाक, स्टीरियो पर जगजीत सिंह की गजलें, रोशनी में स्त्रियों के गहने झिलमिलाते हैं। ऑरेंज जूस में मिली जिन पीने से गालों पर लाली आ जाती है। अनु को यह सब बहुत अच्छा लगता है। वह और प्रणव 'गोल्डेन कपल' कहकर पुकारे जाते हैं। प्रणव के पास गुण है, मेधा है, लोगों को जीतने का नुस्खा है, अनु में घमंड नहीं है। हर चीज होने के बाद भी मुस्कुराहट में एक शर्मीलापन, जिसे लोग बहुत चार्मिंग पाते हैं। प्रणव से मशविरा किए बिना वह कोई निर्णय नहीं ले पाती, 'आज क्या खाओगे' से लेकर 'मैं शाम को क्या पहनूँ' सभी कुछ प्रणव की मर्जी से होता है। अनु प्रणव के मूड से चलती है। वैसे ही हँसाती है, वैसे ही चुप हो जाती है। अनु को कभी-कभी अपने ऊपर आश्चर्य होता है। अभी तक इतना सब कहाँ दबा हुआ था, दिल के किस कोने में गड़ा हुआ था? इतना-इतना सारा, इतना-इतना प्यार? उसे अब किसी और की जरूरत नहीं है, वह सब भूलती जा रही है। उसकी दुनिया में किसी चीज की

कमी नहीं है, न महँगाई है, न भूख, न अकाल। उनके चारों तरफ एक जुलूस है, बीच में वे दोनों हैं, नम्बन वन जोड़ा।

जिन्दगी की यह पटकथा अनु को बचपन से ही मिली थी। वह किसी चीज के लिए जिम्मेदार नहीं है, उसकी सारी जिन्दगी दूसरों ने निर्धारित की थी, साल में एक बार जब सारे घर के कपड़े सिलते थे, अनु के कपड़े भी बन जाते थे–पसन्द-नापसन्द का सवाल ही नहीं उठता था। जो महाराजिन परस देती थी, वह खा लेती थी। स्कूल जाती थी, कॉलेज जाने लगी, वह क्या पढ़े, क्या विषय ले, अनु के लिए कभी प्रश्न नहीं उठा। अनु ने कभी इस बारे में सोचा भी नहीं, जो सब लड़कियों के लिए, उसने भी ले लिए। उसका भाग्य सराहते हुए जब बिरादरी की औरतों ने कहा, 'लौंडिया का भाग जगा है। विलायत का डॉक्टर, इतना गहना-कपड़ा,' तब अनु को लगा, हाँ, शायद भाग्योदय हुआ है। वह प्रणव के प्रति कृतज्ञ थी, इतना सबकुछ, सिर्फ एक छोटी-सी आकस्मिक झलक पाने भर पर ही। दृश्य बदल गया था, पटकथा का रवैया वही था। जो जिम्मेदारी प्रणव ने पकड़ाई थी, जो भूमिका दी गई थी, वही निभा रही थी। खाना बनाना, घर साफ-सुथरा रखना, प्रणव की पोजीशन के अनुसार कपड़े पहनना, पार्टियों में चुपचाप मुस्कुराते रहना।

अपने बारे में थोड़ा-बहुत बोध आया है, अनु ने पाया है कि उसे शिफौन की जगह रेशम अच्छा लगता है। नारंगी और पीले-नीले की बजाय बैंगनी और हरे रंग। फूल-पत्ती के छापे की जगह ज्यामिति की-सी रेखाएँ। कई दिन न खाने के बाद अरहर की दाल, चावल के साथ लाल मिर्च के अचार की हुड़क आने लगती है। उदास होने पर पराँठे और आलू खाने का मन करता है। बीस-बाईस रंगों की लिपस्टिकें और दर्जनभर सैंट की शीशियाँ दराज में अच्छी लगती हैं। पैसा बचाने की जगह खर्च करना रुचता है। एक साड़ी दो-तीन बार पहनने से मन भरने लगता है। कितने दिन बीत गए हैं, इसका अनु को कोई हिसाब नहीं। महीने? साल? सबकुछ बड़ी तेजी से भागता जा रहा है, परेड चलती रहती है, उसी तरह। वही-वही दोस्त, वही-वही खाना, वही-वही बातें।

प्रणव किसी मीटिंग में गया था, तीन दिन के लिए। अनु ने तुरंत गाड़ी चलाना सीखा था और बिना फेल हुए ड्राइवरी का लाइसेंस भी ले लिया। अन्दर से वह बहुत खुश थी। कितनी बार इम्तिहान देने पर भी कुछेक लोग

लगातार फेल होते रहते थे। प्रणव के आने पर एयरपोर्ट उसे लेने जाएगी, इसका इन्तजार उसे दो दिन से था।

शाम के झुटपुटे में घंटी बजी तो वह उठी कि कौन हो सकता है? दरवाजा खोला तो प्रणव के विभाग के सीनियर सर्जन डॉक्टर वाटरमैन दिखाई दिए। वह समझ न सकी कि क्या करे? उसके चेहरे पर शायद दुविधा पढ़कर वाटरमैन ने कहा, "मैं इधर से गुजर रहा था, सोचा कि रुककर खैर-खबर पूछ लूँ। कैसी हो?"

कहते-कहते वह अन्दर आ गए।

"आइए, बैठिए, कुछ लेंगे आप?" अनु ने तोते की तरह रटा हुआ औपचारिक वाक्य बोला।

"तुम फिक्र मत करो।" वह सोफे पर बैठ गए।

"कैसी हो तुम, अनु? सबकुछ ठीक चल रहा है?"

अनु हैरान उन्हें देखती रही। उनके कच्चे-पक्के बाल बहुत स्टाइल से बने थे, आँखों पर सुनहरी कमानी का चश्मा, चिकना-चुपड़ा चेहरा, हमेशा से वाचाल और हँसमुख। "आई'म ओ.के.," उसने कहा।

"बस, सिर्फ ओ.के. ही?" वाटरमैन ने कहा, "तुम जैसी ब्यूटी की जिन्दगी सिर्फ ओ.के. ही? तुम्हें तो मॉडेल बनना चाहिए, टेलीविजन की अभिनेत्री, तुम घर में अपना सौन्दर्य बरबाद कर रही हो।"

अनु ने वाटरमैन के बारे में सुन रखा था। प्रान्त-भर के रोगी उनके पास इलाज कराने आते थे। वाटरमैन की आमदनी गवर्नर से भी ज्यादा थी... यद्यपि हिन्दुस्तानी डॉक्टर उन्हें पीठ-पीछे भिश्ती कहते थे, फिर भी उनके प्रति सभी आदर-भाव रखते थे। वह आदमी उसकी कुशल-क्षेम पूछने चला आया था। अनु हक्की-बक्की रह गई। वह समझ न सकी कि वह क्या कहे। "आपके लिए चाय लाऊँ?"

"नहीं, नहीं, आओ, मेरे पास बैठो। हम लोग अस्पताली पार्टियों में मिलते हैं, मैं हमेशा अपने से कहता हूँ, वाटरमैन, तुम्हें प्रयत्न करना चाहिए कि प्रणव की पत्नी को अच्छी तरह जान सको, वह एक गुड़िया की तरह आती है, चुप बैठी रहती है, चली जाती है। कैसा जीवन है उसका?"

कुछ देर अनु बेवकूफों की तरह उनका मुँह ताकती रही। उससे प्रत्युत्तर न पाकर वह भी चुप हो गए और उसकी तरफ देखने लगे। फिर उन्होंने धीमे स्वर में कहा, "प्रणव तुम्हारे लायक नहीं है। तुम बहुत स्वीट, बहुत भली लड़की हो। तुम प्रणव के साथ सुखी नहीं हो, यह मुझे देखते ही समझ आ

गया। तुम उसे छोड़ भी सकती हो, कोई भी पुरुष तुम्हें पाकर अपने को भाग्यशाली समझेगा।"

अनु का मुँह खुला, फिर बन्द हो गया।

वाटरमैन अब थोड़ा आगे सरक आए और उसकी ओर झुककर बोले, "क्या आज रात मुझे यहाँ रह जाने दोगी अनु? मैं तुम्हारे साथ सोना चाहता हूँ। जिस दिन से तुम्हें देखा है, मैं इस बात के लिए तड़प रहा हूँ। मुझे मालूम है कि तुम्हारी जैसी सुन्दर लड़की केवल एक आदमी से सन्तुष्ट नहीं रह सकती, मैं उम्र में तुमसे बड़ा जरूर हूँ, मगर..."

अनु उन्हें हक्की-बक्की देखती रह गई, "आप क्या कह रहे हैं डॉक्टर वाटरमैन?"

"मैं रुक सकता हूँ न?"

"नो! नो!" अनु के मुँह से निकला। वह वाटरमैन को ताकती रह गई। उनके चेहरे पर जो विनीत भाव था, उसमें और उसकी ओर आगे बढ़ने की मुद्रा में कोई साम्य नहीं था, अनु के मन में ढेर-सा अनाम डर भर उठा। वह अपने आप दो कदम पीछे हट गई। सड़क पर हमेशा की तरह सन्नाटा था। शाम के अँधियारे में घर धीरे-धीरे डूबने लगा था।

"आपने गलत समझा है डॉक्टर वाटरमैन," उसने पाया कि उसकी आवाज थरथरा रही है, "मैं अपने पति के साथ बहुत सुखी हूँ। किसी दूसरे पुरुष का ध्यान भी मैं पाप समझती हूँ।"

"प्रणव के साथ सुखी?" वाटरमैन सचमुच हैरान रह गए। कहने लगे, "अनु, तुम स्वीट हो, भोली हो। तुम शायद प्रणव का बाहरी चेहरा नहीं जानतीं। मेरे पास आओ अनु–आओ न! मैं तुम्हें एक ऐसी जिन्दगी दूँगा..."

अनु ने अपने को वहाँ से भागते हुए पाया। वह जाकर गुसलखाने में छिप गई और अन्दर से चटखनी लगाकर उसने अपनी आवाज को दृढ़ बनाने का भरसक प्रयत्न करते हुए कहा, "प्लीज, चले जाइए। प्लीज, आप चले जाइए!"

"मैं जा रहा हूँ। क्षमा करना, तुम्हें डिस्टर्ब किया। भविष्य में कभी मेरी जरूरत महसूस करो तो तुम्हें मालूम ही है कि मैं कहाँ हूँ।"

दरवाजा खुलने की आवाज आई तो उसने गुसलखाने की खिड़की की झिर्री में से झाँककर देखा। डॉक्टर वाटरमैन अपनी आत्मविश्वासी चाल और मुद्रा से सड़क पर बढ़े जा रहे थे। अनु बाहर निकलकर सोफे पर गिर पड़ी। जो कुछ अभी-अभी घट गया, वह सब क्या था, क्यों हुआ, वह यह समझ नहीं

पा रही थी। वह चाह रही थी कि किसी से बात करे, कोई उसके पास हो, पर वह यह भी जान रही थी कि यह बात वह किसी से नहीं कह पाएगी। उसने सभी कमरों की बत्तियाँ जला दीं, सभी खिड़कियाँ और दरवाजे अन्दर से बन्द कर लिए। उसे पहली बार लगा कि इस सर्किल में सिर्फ आठ घर हैं और सभी कितनी दूर-दूर हैं। अगर कुछ हो जाए तो किसी दूसरे को खबर भी न होगी। तभी शायद अड़ोस-पड़ोस में सभी के घर कुत्ते थे, सिर्फ वही थी अकेली, इतने बड़े घर में एकदम अकेली।

उस शाम अनु से कुछ नहीं किया गया। न टी.वी. में मन लगा, न गीत-गजलों में। अगले दिन उसने आँखें खोलीं तो उजली धूप से घर जगमगा रहा था, कमरे के बाहर देवदार की टहनियों पर नीली चिड़ियाँ फुदक रही थीं और गैराज की छत पर लगे मौसम के मुर्गे पर एक कौवा बहुत गुपचुप और ध्यानमग्न बैठा था। सबकुछ पहले-जैसा सहज और सामान्य लग रहा था। उसने पिछली शाम की घटना का अवसाद अपने मन से हटा देना चाहा। मेज पर प्रणव और उसका विवाह के तुरन्त बाद का चित्र रखा था, अनु ने अस्त-व्यस्त बालों को थरथराते हुए चित्र उठा लिया। क्या सचमुच उसमें मॉडेल और अभिनेत्री बनने की सम्भावनाएँ हैं? जो चेहरा उसे चित्र में से देख रहा था, शर्मीला और मासूम था। उसे याद आया कि अनभ्यस्त कान बड़े-बड़े बूँदों की वजह से काफी लाल हो आए थे और वह इस दुलहनपन से काफी खीज गई थी। पर तसवीर में एक चेहरा था, जैसे अपना नहीं, मगर किसी बहुत पहचानी हुई लड़की का। अनु ने तसवीर रख दी। रोज की तरह चाय बनाकर पी, बाहर से अखबार लाकर प्रणव की मेज पर रख दिया। झाड़न उठाकर हर सतह पर फेरा, पर बार-बार उसने अपने को अनमना हो जाते पाया। फिर भी उसने सायास सारे काम निबटाए। नहा-धोकर उसने एक अच्छी-सी साड़ी पहन ली। जब फोन बजा तो एक क्षण वह इस असमंजस में पड़ी रही कि उठाए या नहीं, फिर उसने पाया कि वह प्रणव था। उसकी आवाज सुनते ही वह एकदम आश्वासन-भरी खुशी से भर गई। प्रणव कह रहा था कि उसे लौटने में एक दिन की देर होगी। किसी को एयरपोर्ट आने की जरूरत नहीं है। वह स्वयं घर आ जाएगा।

"ओऽह," अनु की आवाज बुझ गई।

"क्यों, क्या बात है?" प्रणव ने पूछा।

"डॉक्टर वाटरमैन आए थे।" अनु के मुँह से निकल गया।

"वाटरमैन?" प्रणव ने हैरानी से भरकर पूछा, "वह क्या चाहता था?"

अनु कुंठित हो आई। बोली, ''वह कह रहे थे कि आपकी गैरहाजिरी में पूछने चले आए कि मैं कैसी हूँ।''

फोन के दूसरे सिरे पर थोड़ी-सी चुप्पी रही, फिर बहुत लापरवाह-सी आवाज में प्रणव ने पूछा, ''कितनी देर रुका?''

''दस-पाँच मिनट।''

अनु को लगा, प्रणव की आवाज में सतर्कता आ गई है।

''मेरे बारे में कुछ कह रहा था?''

''न जाने क्या बेसिर-पैर की बातें, मेरी तो कुछ समझ में नहीं आया। सुनिए, मैं बहुत घबरा गई हूँ।''

तब प्रणव ने कहा, ''घबराने की बात नहीं है। वह तो पागल है, सिरफिरा। जब से बीवी अलग हो गई है, उसका सन्तुलन जाता रहा है। सुनो, अब अगर आए तो अन्दर मत आने देना। आज शाम क्या करोगी?''

''कुछ नहीं, बैठी रहूँगी।''

''तुम कहीं चली क्यों नहीं जातीं? अपनी किसी सहेली के घर?''

''कहीं, बिना बुलाए जाना कैसा लगेगा?''

''तो तुम किसी को बुला लो।''

''देखूँगी।'' कहकर अनु ने फोन रख दिया। एक बार फिर उसे सब खाली लग उठा। वह खड़ी थी, तैयार अच्छी-सी साड़ी पहने, पर्स में नया-नया ड्राइविंग लाइसेंस था। वह बाहर निकलकर आई, पर उसे साहस न हुआ कि वह कहीं निकले। सारा शहर उसके सामने बिखरा हुआ था–बाजार, दुकानें, सड़कें, सिनेमाघर, पार्क और वह थी कि घर के आगे खड़ी थी। वह क्या करे, कहाँ जाए, इस दुविधा में। तभी फोन फिर घनघना उठा, उसे उबारते हुए। कीरत की आवाज थी। वह बुला रही थी दिन बिताने को और रात को रह जाने के लिए। अनु एक बार फिर असमंजस में पड़ गई, पर जैसे निर्णय लेना सहज करते हुए कीरत ने कहा, ''धनराज तीन दिन शिकार को गए हैं। घर में मैं अकेली हूँ, अच्छा रहेगा। फिर अभी प्रणव का फोन आया था, तुम अकेली घबरा भी रही हो।''

अनु कीरत के घर कई बार आ चुकी थी, पर पार्टियों में, रात की बत्तियों और शराब के नशे की हँसी और तले हुए कबाबों की महकवाले वातावरण में। दिन में आने का पहला मौका था। उसने कुछ जिज्ञासा से चारों तरफ देखा। दरवाजा कीरत की लड़की ने खोला। वह बिना बटन का, गहरे पिंग रंग का हाउसकोट पहने हुए थी, बाल भुच्च, चेहरे पर चिकनाई। अनु को देखकर उसने

कोई खुशी या कोई गरमाई नहीं व्यक्त की। अनु के अन्दर आ जाने पर वह दरवाजा बन्द करके बिना कुछ कहे अपने कमरे की ओर चली गई। उसका बिना बटनोंवाला हाउसकोट आगे से खुल गया। वह एक सस्ता-सा एकदम पारदर्शी नाइट गाउन पहने थी, जिसमें से उसका शरीर साफ चमक रहा था, अनु झटका-सा खाकर दूसरी ओर देखने लगी। कुछ देर में कीरत ऊपर से उतरी, वही वेशभूषा उसकी भी थी, बाल भुच्च, चेहरे पर चिकनाई, मगर उसके हाउसकोट में बटन थे। अनु एकबारगी उसे पहचान न सकी। पार्टीवाली कीरत रोजमर्रा ऐसी दीखती है, शायद उसके चेहरे पर लिखी साफ-साफ पढ़ी जाने वाली हैरानगी देखकर कीरत ने हँसते हुए कहा, ''धनराज के चले जाने पर ढील-ढाल हो जाती है। मैं और गोगी दोनों ब्यूटी ट्रीटमेंट कर रहे हैं। गोगी ने अभी कास्मेटिशन का कोर्स किया है। आओ, बैठो। बड़ी प्यारी साड़ी डाल रखी है।''

अनु ने लचर भाव से कहा, ''आपका फोन आया तो, जैसे थी वैसे ही चली आई।''

''तुम घर में भी ऐसी साड़ी डालकर बैठती हो?'' कीरत ने कहा और उत्तर पाने तक न रुकते हुए कहा, ''गोगी बेटे, देखो पच्चीस मिनट हो गए क्यां?''

और उधर से आवाज आई, ''ममा, चेहरा पोंछकर आप स्टीम ले लो।''

''मैं अभी आई,'' कहकर कीरत वापस चली गई और अनु कमरे में अकेली रह गई। उसे एकदम अपनी उपस्थिति उस कमरे में असंगत-सी लगने लगी। उसे अपने ऊपर झुँझलाहट भी आई कि उसने निमन्त्रण क्यों स्वीकार कर लिया।

कीरत जब दुबारा नीचे आई तो वह तैयार थी। सफेद ब्लाउज और नीली स्कर्ट। जूते-मोजे से दुरुस्त, पलकों पर नीली शैडो और पूरे चेहरे पर नए मेकअप की कई परतें।

''तुम कुछ पियोगी–शेरी, वाइन, व्हिस्की?'' अलमारी खोलते हुए कीरत ने पूछा।

''नहीं, कुछ नहीं।''

''मैं सोचती हूँ कि थोड़ी व्हिस्की ले लूँ। साढ़े चार बजने लगे हैं। तुम्हें जूस दूँ?''

''नहीं, कुछ नहीं।''

कीरत के पति धनराज ने कुछ ही दिन पहले घर में बार लगवाया था।

अखरोट की लकड़ी में काश्मीरी-कला का सुन्दर नमूना, बहुत धूमधाम से उसका उद्घाटन हो चुका था। उसका विमोचन मित्र-मंडली के सबसे माने हुए पियक्कड़ राजकिशोर ने किया था। उस दिन उन्होंने पीने के अपने सारे रेकॉर्ड तोड़ दिए थे। अन्त में दोस्तों ने सहारा देकर गाड़ी तक पहुँचाया था और उनकी पत्नी रानी ड्राइव करके ले गई थी और उन्हें गाड़ी में ही रात-भर पड़ा छोड़कर अन्दर से घर बन्द कर लिया था।

थोड़ा-सा पीकर कीरत सहज हो आई। उसके चेहरे पर पुरानी चमक लौटने लगी। "तुम थोड़ी शेरी, वाइन लो अनु, कब तक अपने को अलग रखोगी? आदमी तो चाहते ही हैं कि उनकी बीवियाँ छुई-मुई बनी रहें और वह मजे मारें। मैंने तो धनराज से कह रखा है कि अगर मेरे कान में जरा भी भनक पड़ी कि उसने गड़बड़ की है तो मैं गला पकड़कर एक-एक पाई रखवा लूँगी। सिर्फ एक कमीज, जो बदन पर पड़ी रहेगी, उसी को पहनकर उसे घर से निकलना पड़ेगा। बाहर चाहे कुछ करे, मगर मेरे कान में कुछ नहीं पड़ना चाहिए, आई डोंट वांट टु नो।"

अनु थोड़ा असहज होने लगी। ऐसी बातों से उसे घबराहट-सी लगने लगती है। अनु को लगा, कीरत लगातार पी रही है। उसने हलके से कहा, "हम अब कॉफी पिएँ तो कैसा रहे?"

"कॉफी। चलो, बना दूँ।" कीरत की आवाज, पैर, चाल सभी स्थिर थे, "रसोई मैंने आज ही धोकर साफ की है। धनराज को तो रोज ताजा फुल्का चाहिए।" कीरत के साथ-साथ अनु भी कॉफी को छनकर नीचे प्याले में गिरते देखती रही। फिर कीरत ने लम्बी साँस ली और कहा, "मुझे यहाँ रहते हुए बाइस साल हो गए हैं, बाइस साल और मुझे यहाँ अच्छा लगता है। मेरा तो सभी परिवार यहाँ है—भाई, बहन मौसी, चाची, ताई, देवर, देवरानी... सभी ने एक-दूसरे को बुला लिया। सभी अच्छी तरह हैं, तरक्कियाँ कर रहे हैं..."

अनु कॉफी के घूँट ले रही थी। वह कीरत की सुन्दर गृहस्थी देख रही थी। यह घर कीरत की पसन्द का बनवाया गया है। ऊपर की मंजिल से पीछे की फुलवारी दीखती है, जो गर्मियों में लगाई गई होगी। अब पाला पड़ चुका है। कुछ बचे पेड़-पौधे एकदम काले हो गए थे, सिर्फ सरसों के पत्तों की एक कतार में अभी भी जान थी। ऊपर की मंजिल रहने की थी, नीचे की दिखाने की। जितना करीना, साज-सामान नीचे था, उतनी ही अव्यवस्था ऊपर। सोफे का कपड़ा जगह-जगह से उधड़ा हुआ, जमीन पर फटे, मुड़े-तुड़े कामिक

बिखरे हुए थे। अलमारी में किताबों के नाम पर रीडर्स डाइजेस्ट की कंडेंस्ट पुस्तकों की कतार। परिवार की तसवीरें, जिन पर धूल की मोटी परतें थीं। दूसरे कमरों की अलमारियाँ इतनी ठुँसी थीं कि उनके किवाड़ पूरे-पूरे बन्द नहीं हो पा रहे थे। बिस्तर पर कपड़ों का ढेर था–कुछ धुले हुए, कुछ इस्तरी करने के लिए। कीरत ने किसी भी चीज के लिए सफाई नहीं दी, उधड़े सोफे पर बैठकर वह व्हिस्की पीती रही और अनु उसके पास चुपचाप, मौन बैठी रही। जब चुप्पी बहुत लम्बी हो गई तो उसने कहा, ''किस चीज के शिकार को गए हैं?''

''हिरन के। पिछले साल तो दो हिरन मिले थे, एक गोली से और एक जीप के नीचे आ गया था। कई महीने तक उसी का गोश्त खाया। धनराज को शिकार का शौक भी है और पैसों की बचत भी होती है। धनराज को रोज गोश्त चाहिए, प्रणव नहीं जाता?''

''नहीं, उन्हें शिकार का शौक नहीं है।''

''हाँ–उसे दूसरे शौक हैं।'' कहकर कीरत हँसी। अनु की ओर देखकर उसने आँख मारी।

''ममा, मैं जा रही हूँ।'' नीचे से गोगी की आवाज आई।

''अच्छा, जल्दी लौट आना।'' कीरत ने कहा। उधर से उत्तर नहीं मिला।

अनु ने पूछा, ''गोगी क्या कुछ कर रही है?''

''अभी स्कूल ऑफ ब्यूटी कोर्स किया है, जॉब ढूँढ़ रही है। वैसे पार्ट टाइम नौकरी ले ली है एक डिपार्टमेंट स्टोर के कास्मेटिक काउंटर पर, पर दिल नहीं लगा। धनराज के रिश्तेदारों से कह रखा है, इंडिया से किसी डॉक्टर को ढूँढ़ें। गोगी को पसन्द आया तो मँगवा लेंगे।''

''गोगी को पसन्द आएगा?''

''यही तो प्रॉब्लम है। मगर एक बार शादी कर देंगे तो निभाएगी ही। मैंने लड़की बिलकुल इंडियन वैल्यू में घड़ी है।''

अनु ने कुछ नहीं कहा। वह फिर दुविधा में पड़ गई थी। उसे अपना वहाँ होना बहुत असंगत-सा लगने लगा, परन्तु एक बार आमन्त्रण स्वीकार करने पर अब वापस चला जाना कैसा अभद्र लगेगा। कीरत शायद बुरा मान जाए। यह बात अच्छी थी कि कीरत अपनी ही धुन, अपनी ही बातों में डूबी हुई थी, अनु की उपस्थिति तो एक निमित्त मात्र थी। जैसे उसका असमंजस भाँपकर कीरत ने कहा, ''आई'म सो ग्लैड यू केम। धनराज के जाने के बाद शाम बीतती ही नहीं, न रात को नींद आती है। मुझे अपने बगल में धनराज का शरीर रोज

चाहिए। जब वह नहीं होता तो गोली खाकर सोना पड़ता है। पर वह मेरी सुनता ही कहाँ है?''

''कामकाजी आदमी घर पर हर समय कैसे टिक सकता है?'' अनु ने हल्के से कहा।

''तुम बहुत भोली हो अनु,'' कीरत ने कहा, ''प्रणव को कंट्रोल में रखना सीखो।'' अनु अन्दर-अन्दर मुस्कुरा आई, प्रणव अपने रास्ते आप चलता है। अकेला, दर्प और शान से।

अनु ने कहा, ''अब मैं चलूँगी। घर पर बिल्ली भूखी होगी। असल में मैं उसे रात के लिए खाना देना भूल गई थी।''

''मैं तो सोच रही थी कि तुम्हारा रात में साथ रहेगा।'' कीरत ने कहा।

''मैं भी यही सोचकर आई थी, मगर बिल्ली को भूखा तो रख नहीं सकती।''

बाहर निकलकर ठंडी हवा में अनु को पूरी तरह लगा कि अन्दर उसे कितनी घुटन महसूस हो रही थी। किनारे से गाड़ी सड़क पर लाकर उसने पूरी रोशनी जलाई तो उस प्रकाश में दूसरे किनारे खड़ी गाड़ी में बैठे एक प्रेमीद्वय ने अपने को एक-दूसरे से अलग कर लिया। अनु ने उस लघु क्षण में गोगी का चेहरा पहचाना, फिर उसकी गाड़ी सड़क पार कर गई।

अगले दिन प्रणव के लौटने तक वह काफी सामान्य हो गई थी। कीरत के घर की तरह उसके घर में दोहरापन नहीं था। जो ऊपर था, वही नीचे। जो बाहर था, वही अन्दर। सबकुछ साफ-सुथरा, तरीके से सजा हुआ। अनु को अपना सब बहुत अच्छा, बहुत प्यारा लग उठा। प्रणव तीन-चार दिन की डाक देख रहा था। अनु ने पास बैठते हुए कहा, ''आपको मालूम है, कीरत खुद बढ़िया व्हिस्की पीती है, जब अकेली होती है। अपनी बोतल अपने कमरे में रखती है। मेहमानों को देती है मामूली व्हिस्की और खुद पीती है शिवाज रीगल।''

प्रणव ने बिना उसकी ओर देखे कहा, ''यह बात किसी और से मत कहना।''

''क्यों?''

''दूसरों के बारे में ऐसी बातें करने से क्या फायदा? न हम उनके निजी मामले में रुचि लें, न वो हमारे।''

''पर और तो हमेशा ही आपके बारे में बातें करते हैं। कीरत ही कह रही थी कि प्रणव को कंट्रोल में रखा करो।'' अनु ने सहज भाव से कहा।

"इतना कंट्रोल में तो हूँ, और कितना रखोगी!" प्रणव ने चिट्ठी पर से आँख उठाकर उसे देखा। अनु को यह बात बहुत अच्छी लगी, बहुत देर तक उसके मन में गुदगुदी होती रही।

"मैं सुन्दर हूँ, इसलिए?" उसने लाड़ में भरकर पूछा।

"तुम सुन्दर हो, यह किसने कहा?" प्रणव ने उसे खिजाया।

"डॉक्टर वाटरमैन ने।" अनु ने उसी लहजे में कहा।

"वह हर लड़की से यही कहता है–तुम्हें चिढ़ा रहा था। जानता है कि तुम काफी बेवकूफ हो। मान लोगी।"

"तो फिर मुझसे शादी क्यों की आपने?"

"मुझे एक बेवकूफ लड़की जो चाहिए थी। तुम्हें देखकर ही जान गया कि तुम काफी मूर्ख हो।" अनु का एकाएक उतर गया चेहरा देखकर प्रणव हँसा और उठकर उसके पास बैठ गया। बाँह से उसे घेरकर अपने से एक क्षण को लिपटाया, फिर थोड़ा अलग करते हुए बोला, "तुमसे दर्पण क्या कहता है? तुम अपने को देखतीं नहीं? तुम आसपास दूसरों को देखतीं नहीं? तुम अपने में अद्वितीय हो, सुन्दर चेहरा, सरल हृदय–तभी न एकदम मैं आशिक हो गया..."

"जाइएऽऽ!"

एक डॉक्टर के फेयरवैल में डॉक्टर वाटरमैन से फिर मुलाकात हुई। वह एक युवा लैब टेक्निशियन को डेट बनाकर लाए थे, जो सारी शाम उनसे चिपकी रही। अनु से एक-दो बार आँख मिल जाने पर उनकी दृष्टि अनचीन्ही-सी और स्थिर रही। जैसे उसे जानते न हों और उनके आने और प्रेम-निवेदन का प्रसंग अनु की कल्पना की फैंटेसी के अतिरिक्त कहीं और घटा ही न हो। उसी तरह मिलने पर कीरत भी सहज और सामान्य लगी। वह अनु के आने और न रुकने की बात जैसे भूल गई थी, जैसे कीरत का अन्तरंग रूप था ही नहीं वह। हमेशा की तरह सजी-धजी, पार्टियों में हल्का-हल्का ही पीती हुई यह कीरत ही जैसे असली कीरत थी। उनके फैमिली रूम का गंदा-सा पुराना सोफा, गुसलखाने में टँगी हुई चीकट ब्रेजियर, सड़क पर रात को प्रेमी की बाँहों में जवान लड़की, कपड़ों की अलमारी में शराब की बोतल, यह सब अनु ने सपने में देखा था। कीरत खड़ी थी, लम्बे-लम्बे मोती के बूँदों, खूब खुले गले का ब्लाउज, शिफौन की पारदर्शी साड़ी को हल्के-अल्हड़पन से पहने, जिसमें

से उसके अधेड़ मगर चुस्त शरीर का आकार साफ-साफ दीख रहा था। धनराज को कई दिन की मेहनत के बाद भी हिरन नहीं मिला था, कीरत इस बात पर हँस-हँसकर पति पर गिरी जा रही थी। पति-पत्नी के जल्दी ही चले जाने पर थोड़ी देर चुप्पी रही, फिर सब एकदम से बात करने लगे। कीरत और धनराज जैसे उनके लिए अब भूले हुए चेहरे थे।

प्रणव का मूड़ एकदम झुँझलाया लग रहा था। अनु ने कहा, ''अगर आप नहीं चाहते तो नहीं जाएँगे।''

मगर वह पूरी तरह तैयार थी–सुबह बैंक से निकालकर लाए सतलड़े समेत।

''मैंने तुमसे कितनी बार कहा है कि हर किसी का निमन्त्रण मत स्वीकार किया करो। हर बार हार पहनकर तैयार हो जाती हो।''

अनु कुछ रुआँसी हो गई। बोली, ''अगर मैं हाँ न करती तो लोग कहते कि मैं जलती हूँ।''

प्रणव ने चौंककर उसे देखा, ''नानसेंस। तुम क्यों जलोगी? तुम्हें कुछ कमी है क्या?''

''नीरजा को शादी के दस महीने बाद ही बेटा हुआ है न।''

प्रणव देर तक अनु को देखता रहा। फिर बोला, ''क्या यह गर्व की बात है? यह तो नीरजा और आलोक का जाहिलपन है। अभी पढ़ाई बीच में है, इम्तिहान में फेल हो रहे हैं, अगले साल की नौकरी का ठिकाना नहीं।'' फिर वह कोमल हो गया, ''चलो, चलते हैं, पर ज्यादा देर नहीं रुक सकूँगा। प्रेजेंट ले लिया है?''

अनु बगल में बैठी बार-बार प्रणव के चेहरे की तरफ नजर डालकर देख लेती थी। प्रणव का चेहरा भिंचा हुआ था। कार चलाने में भी एक अधीरता और झुँझलाहट-सी थी। आलोक और नीरजा ने इसी साल शादी की थी और अब बेटा होने का समारोह था। उन्होंने एक हॉल किराए पर लिया और सौ-सवा सौ लोगों को दावत पर बुलाया, रसोइया उनका न्यूयॉर्क से आया था। अनु ने बच्चे के लिए ऊनी कपड़ों का सैट ले लिया, प्रणव को काम निकल आएगा, यह उसे क्या मालूम था?

हॉल में काफी लोग आ चुके थे। कुर्सियों पर औरतें अपने-अपने गुट में बैठी थीं, पुरुष बियर के ड्रम के पास खड़े थे। सजे-सजाए बच्चे अनियन्त्रित

रूप से पूरे हॉल में दौड़ लगा रहे थे। अनु और प्रणव ने नीरजा और आलोक को देखा...उसकी समझ में नहीं आया कि वह अब क्या कहे। नीरजा बहुत गर्व और प्रशंसा की उत्सुकता में उसे देख रही थी, "कितना स्वीट बेबी है," अनु ने कहा। इसी बीच विभा पास आकर खड़ी हो गई।

"आप यहाँ?" प्रणव ने पूछा।

"अभी-अभी डॉक्टर साहब को एयरपोर्ट पहुँचाकर आ रही हूँ," विभा ने सभी को सम्बोधित करते हुए कहा,"सोचा कि नीरजा को बधाई देती चलूँ। बेबी कुछ कमजोर लग रहा है, फीड वगैरह ठीक से ले रहा है या नहीं?"

"ले रहा है।" नीरजा थोड़ी-सी बुझ गई, "रात में बार-बार जागता है।"

"तुम्हारा प्रेजेंट ड्यू रहा।" विभा ने कुछ और सोचते हुए कहा, फिर जैसे अब अनु की उपस्थिति ध्यान में आई हो, कहा, "अच्छी हो? सुना है, तुम्हें ड्राइविंग लाइसेंस मिल गया है! पहली ही ट्राई में। एक्जामिनर को रिझा लिया क्या?" कहकर वह खुद हँसी और बाकी लोग भी साथ हँसे, सिवा अनु के।

"प्रणव, तुम अनु को गाड़ी कब खरीद रहे हो?" विभा ने आगे पूछा।

"जब अनु कहे, तभी।" प्रणव ने कहा।

अनु चाह रही थी कि उस पर से बात हट जाए। नीरजा और आलोक वहाँ अपने बन्दर जैसे बेटे के समारोह में सैकड़ों डॉलर लुटा रहे थे, आगे की नौकरी का ठिकाना नहीं था। उसके सामने अपनी गाड़ी, अपना लाइसेंस उसे अप्रासंगिक लगने लगा।

"बच्चे का क्या नाम रखा?" उसने नीरजा से कहा।

"जयदेव," आलोक ने कहा, "बड़े होकर जैसा चाहेगा, अगर इंडियन नाम चाहेगा तो जय और अमरीकन चाहेगा तो डेव।"

बच्चा सोता रहा, अपने भविष्य से बेखबर, अपने चारों तरफ के कोलाहल के बीच। नीरजा कह रही थी, "यह हुआ शनिवार को। मैंने शुक्रवार तक अपनी 'लैब' में काम किया। सिर्फ दो हफ्ते की छुट्टी ली और फिर काम पर वापस। पिट्सबर्ग से चाची आ गई थीं, उन्होंने कुछ दिन देखा।"

"और अब कौन देखता है?" अनु ने पूछा।

"आजकल आलोक ने डेढ़ महीने की मैटर्निटी लीव ली हुई है।" नीरजा ने कहा।

आलोक बिलकुल नहीं झेंपा, "अब तो नीरजा ही हमें सपोर्ट करेगी। मेरी

पी-एच.डी. खत्म होने पर भी नौकरी तो कहीं मिलनेवाली नहीं है।''

कोई ऐसी गम्भीर बातों को इतनी सहजता से ले सकता है, अनु आलोक को देखती रह गई, ''आप बच्चा रख लेते हैं?''

''हर इंटेलिजेंट इंसान कोई भी काम कर सकता है। फिर हमारी तो पार्टनरशिप है। नीरजा ने बच्चे को जन्म दिया, उसे पालने की ज्यादा जिम्मेदारी मेरी होनी चाहिए न?''

और लोगों के आ जाने पर बात आगे नहीं बढ़ी। बच्चा होने पर आलोक छह हफ्ते की छुट्टी लेकर घर रहे, दूध बनाए, पोतड़े बदले, यह सब अनु को हास्यास्पद लगा। जब वह जाकर कीरत, रानी और रूपल के पास बैठी तो वहाँ नीरजा के कानों से हटकर नीरजा की ही बात हो रही थी। नीरजा की एक शादी पहले भी हो चुकी थी, किसी गुजराती से। उससे नहीं पटी तो अलग हो गई। मेधावी थी, पढ़ती रही, अब जिम्मेदार पद पर थी। उम्र साढ़े बत्तीस, तभी तो बच्चे के लिए उतावली थी। तीन साल के बाद वैसे भी बच्चा ठीक न होने का खतरा रहता है। यह सब कीरत बता रही थी, शायद वह घर से ही चढ़ाकर निकली होगी। थोड़ी पी लेने के बाद वह समय-असमय की उपयुक्तता भूल जाती है।

''अनु, तुम जरा परोसने में मदद कर दोगी?'' नीरजा के पास आते ही कीरत चुप हो गई।

बड़ी-बड़ी दो मेजों पर खाना लगा था—केले के कबाब, बंदगोभी, मटर, दमआलू, बूँदी का रायता, चावल, पूरी। दूसरी मेज पर चिकन और सफेद सॉस में गोभी। रसोई में पहले ही काफी लोग थे, इसलिए अनु की जरूरत वहाँ नहीं थी, फिर भी अपनी साड़ी बचाते हुए वहाँ खड़ी रही। नीरजा को वह ज्यादा नहीं जानती। अब उसने कुछ खुली हुई जिज्ञासा से नीरजा को देखा। वह एक ऐसी आयु में थी जबकि कभी वह बहुत कमसिन दिखती थी और कभी बहुत बड़ी, आज वह बहुत प्रसन्न थी और गदबदी गुड़िया-सी लग रही थी। अनु के कॉम्प्लिमेंट देने पर उसने अनु का हाथ पकड़कर कहा, ''अनु! मैं तुमसे सच कहती हूँ। मैं एक सपना जी रही हूँ—नौकरी, बच्चा, एक समझनेवाला पति, आज तो मैं समझ ही नहीं पा रही हूँ कि यह खुशी कैसे बटोरूँ। गॉड हैज बीन काइंड टु मी। तुम्हारे बच्चा होगा तो समझोगी। अगला ऐसा उत्सव तुम्हारे यहाँ ही होना चाहिए। प्रणव को भी एक बन्धन की जरूरत है। मेरी बात मानो अनु, आज ही रात शुरुआत कर दो। हम तो शादी की रात से ही ट्राई करने लगे थे।''

अनु के कान तक लाल हो गए। उसे लगा कि शायद आज, उसके अलावा, सभी औरतें नशे में हैं।

नीरजा ने उसका हाथ छोड़ दिया, धीरे-से हँसी, एक षड्यन्त्रकारी हँसी।

रात को अनु को देर तक नींद नहीं आती। ऐसे उत्सवों में जाने से वह एकदम थक जाती है और बहुत थकान होने पर भी उसे नींद नहीं आती। न जाने क्यों उसके मन में नीरजा की बात चुभ-सी गई थी। रोज की तरह रात को कपड़े पहनते हुए उसने सोचा, नीरजा यह सब कैसे कह गई, इतने खुलेपन, सहज भाव से! उसे शर्म भी नहीं आई। पहली रात से ही ट्राई कर रहे थे, यानी उसने आलोक से बात की होगी—अद्‌भुत! क्या उसे स्वयं बच्चा चाहिए? छोटे बच्चे देखकर कभी-कभी मन होता था कि उसके घर में भी बच्चा हो, पर अधिक समय वह ऐसे ही सन्तुष्ट थी। निर्णय प्रणव का होगा और निश्चय ही प्रणव को कोई जल्दी नहीं थी। अनु ड्रेसिंग टेबल के आगे बैठी देर तक बालों में कंघा फेरती रही, अपने को देखती रही। सभी उसके रूप को लेकर मजाक करते हैं, व्यंग्य करते हैं, पर उसे स्वयं को अपना रंग-रूप बहुत साधारण, बहुत सामान्य लगता है। कभी-कभी तो वह स्वयं समझ नहीं पाती कि लोगों को उसमें क्या दिखाई देता है। कभी-कभी उसे लगता है कि वह बुरी नहीं है, तस्वीर उसकी अच्छी उतरती है, पर उसे मॉडेल बनने की क्या जरूरत है! प्रणव ने उसे सबकुछ दे रखा है।

अनु ने उठकर अलमारी खोली और काले रंग का नाइट गाउन निकालकर पहन लिया। यह नाइट गाउन उसने किस धुन में सेल्स गर्ल के कहने पर खरीद लिया था। उस पर कुछ खास फबता नहीं, यहाँ काले रंग का खुला-खुला नाइट गाउन बहुत सेक्सी माना जाता है। पहनकर खड़े होने पर अनु को उस अकेले कमरे में भी लाज लग उठी। पर वह उसने उतारा नहीं, बिस्तर में लेटकर भी वह शाम की पार्टी के बारे में ही सोचती रही। नीरजा को कैसा लगता होगा? पहले एक पति—फिर दूसरा पति। पहले एक आदमी के साथ, फिर दूसरे आदमी के साथ। क्या पहले आदमी की याद नहीं आती होगी? आलोक को क्या यह नहीं लगता होगा कि नीरजा पहले किसी और की पत्नी रह चुकी है? छोटी मामी यहाँ होतीं तो कितना चकित होतीं, छोटे मामा को छोड़कर किसी दूसरे आदमी की परिकल्पना से ही वह छी-छी करने लगतीं। फिर डॉक्टर वाटरमैन? वह क्यों बिना बुलाए घर में चले आए थे, क्या-क्या कह रहे थे? वह प्रणव के साथ सुखी है। उसने सोचा, सुखी है? हाँ, सचमुच सुखी है। वह भी सपना जी रही है, गॉड हैज बीन काइंड टु मी—उसने कृतज्ञता से भरकर अपने आपसे

कहा। शादी के ये साल कैसे बीत रहे थे, उसे मालूम ही नहीं चलता, एक पूर्णता और तुष्टि के बीच। अनु को अपने बेंत के बक्से की याद आ गई। कभी जाएगी तो ले आएगी, अम्मा का लहँगा, चाँदी के रुपए, अम्मा की पीली सिल्क की साड़ी, अम्मा-पापा की बचपन की तसवीरें...

नीचे घड़ी ने घंटे बजाए, प्रणव अभी तक नहीं लौटा था। पर यह कोई नहीं बात नहीं थी। कभी-कभी उसे आने में काफी रात हो जाती थी। वह उस रात लौटा तो अनु को जागते पाकर उसने कहा, "अनु! तुम सोईं नहीं?"

"नींद नहीं आई। बड़ी देर लगा दी।"

"हाँ, देर हो गई। अब तुम सो जाओ। मैं अभी एक सैंडविच और बीयर लूँगा।"

"मैं लाए देती हूँ।" कहकर अनु उठ बैठी। वह जैसे भूल गई थी कि वह काला नाइट गाउन पहने हुए है। उसने हाउसकोट पहनकर उसे जल्दी से ढँक लिया, प्रणव ने अगर उसे देखा भी तो कोई प्रतिक्रिया व्यक्त नहीं की।

"मैं स्डटी में हूँ। तुम सो जाओ, मेरा इन्तजार मत करो और सुबह जल्दी मत जगाना, मेरा डे ऑफ है।"

प्रणव जब बिस्तर पर आया तो अनु ने अपनी सिसकियाँ भींच लीं। पर शायद उसका शरीर अपने आप हिला होगा, क्योंकि प्रणव ने अपना हाथ उसके गाल पर रखा, "अनु, रो रही हो? क्यों?"

अनु ने जवाब नहीं दिया। कुछ ही मिनटों में प्रणव सो गया था और अनु चुपचाप बिना हिले-डुले लेटी उसकी गहरी, नियमित साँसें सुनती रही।

अनु उठकर बैठती है। अनमने भाव से नाश्ता तैयार करके प्रणव के आगे रख देती है। साथ बैठकर टोस्ट कुतरती रहती है। प्रणव अखबार में डूबा है, अनु को उसका चेहरा नहीं दीखता। वह सिर्फ प्रणव को ढके अखबार के दोनों पन्ने ही देख रही है, पहला और अन्तिम पृष्ठ। उसने सोचा कि उसे रोज सुबह, इसी तरह अखबार की खबरें मालूम होती हैं, अखबार के अन्दर क्या है, वह नहीं पढ़ती।

"सुनिए।" उसने कहा।

प्रणव ने अखबार अलग रख दिया, उसकी ओर प्रश्न-भरी मुद्रा से देखा।

"अब आप बहुत देर-देर तक बाहर रहने लगे हैं। मुझे अच्छा नहीं लगता।"

प्रणव ने बिना झुंझलाए कहा, "तुम्हें इससे समझौता करना पड़ेगा अनु!

मेरा काम तो फैलता ही जा रहा है। तुम्हें भी तो कितने काम रहते हैं—घर की देखभाल, कुकिंग,..." फिर उसने जोड़ा, "यह एकाएक असन्तोष क्यों?"

"नीरजाऽऽ" कहते-कहते अनु चुप हो गई।

फिर आगे बात नहीं हुई। अनु ने बर्तन समेटे और उन्हें वैसे ही मशीन में लगा दिया। मेजपोश उठाकर बाहर झाड़ा और बचे हुए टोस्ट के इन्तजार में झाड़ियों में बैठी चिड़ियाँ तुरन्त उन टुकड़ों पर टूट पड़ीं। प्रणव के जाने के बाद अनु फिर पलँग पर आ लेटी और टीवी खोल दिया। नौ बजे से ही औरतों की रुचि के प्रोग्राम शुरू हो जाते हैं—गेम शो, बड़े-बड़े पुरस्कार जीतने के लोभ में उछलते प्रत्याशी, फिर न्यूयॉर्क में होते फैशन शो की खबरें। एक साधारण-सी लड़की का पूरा मेकओवर, जिसमें इस कायापलट के बाद एक मॉडल का-सा ग्लैमर आ गया था। फिर केटी का प्रोग्राम जिसमें वह बाधाग्रस्त लोगों को उपचार बताती थी, उन्हें सुचारु रूप से जीने के सुझाव देती थी। उसके बाद धारावाहिक नाटक, एक के बाद एक, यह सब क्या है? इन सबकी उसके लिए क्या उपयोगिता है? उसे न बड़े-बड़े इनाम चाहिए, न अपना कायापलट ही चाहिए। ज्यादातर दिन अच्छे-भले निकल जाते थे, फिर यह उदासी क्यों? अब तो घर की याद भी उतनी नहीं आती थी। छोटी मामी को पत्र लिखना भी बन्द ही-सा हो गया था। छोटी मामी के दिन कितनी आसानी से बीत जाते थे—सुबह से नाश्ता-पानी, जो उनकी जिम्मेदारी थी, दूध औटाना, फिर हरेक के लिए चाय, नाश्ते के लिए आलू-पूरी या हलवा-मठरी या बैंगन-पराँठा, यह सब करके वह सारे दिन के लिए खाली हो जाती थीं और चारपाई पर लेटकर उपन्यास पढ़ा करती थीं। कोई पास-पड़ोस से आ गया तो उससे बातचीत कर ली। शाम को मामा आने के बाद ज्यादातर घर ही रहते थे। सीधा-सादा, सरल-सपाट जीवन, अनु ने सोचा।

शाम तक अनु, हमेशा की तरह, नहाई-धोई अच्छी साड़ी पहने थी। सारे दिन के असन्तोष, अकुलाहट को अन्दर-अन्दर घूँटकर। प्रणव जरा जल्दी ही लौटा, मुस्कुराते हुए नीचे से पुकारा, "अनु! कहाँ हो? जरा बाहर चलो।" घर के सामने एक कार खड़ी थी—नई चमचमाती हुई, बाहर से सिल्वर ग्रे, अन्दर से लाल! "कैसी है?" उसने पूछा।

"अच्छी है। किसकी है? आपकी कार को क्या हुआ?"

प्रणव ने दरवाजा खोलकर उसे बैठा लिया और कहा, "घूमने चलते हैं।"

उसने घर का खुला दरवाजा बन्द किया और आकर ड्राइवर की सीट पर बैठ गया, कार स्टार्ट की और पड़ोस का एक चक्कर लगाया। सहज भाव से

चाबी अनु के आँचल से बाँध दी, "यह तुम्हारी है।"

"मेरी!"

"हाँ! तुम अकेले बैठे-बैठे बोर होती थीं न। चलो, कहाँ ले चल रही हो?"

"आपके सामने मैं ड्राइव नहीं कर सकूँगी।" अनु ने कहा।

प्रणव हँसा, "चलो, कहीं चलें।"

वे दिन जाड़ों के अन्त के थे, बर्फ के ढूह धीरे-धीरे पिघल गए थे, फिर भी कहीं-कहीं मटमैली बर्फ के टुकड़े अभी भी थे। खेतों में मिट्टी गीली थी, दलदल जैसी, पर घास अभी नहीं निकलना शुरू हुई थी। पेड़, काली जली हुई-सी शाखाएँ आसमान की ओर उठाए निर्वस्त्र खड़े थे। प्रणव ने शीशा गिरा दिया और ठंडी हवा का झोंका आकर अनु के बाल सहला गया। कार एकदम शान्त सड़क पर तेज भाग रही थी। ऐसे जैसे पानी पर तैर रही हो! प्रणव ने एक मोड़ पर गाड़ी खड़ी कर दी, "लो, अब तुम चलाओ।"

"मुझे डर लगता है।" अनु ने कहा।

"डरने की बात नहीं है, सीधे देखो और पीली लाइन के दाहिनी तरफ रहो।"

शुरू में अनु को लगा कि सामने से हर ट्रक, हर मोटर उसी से लड़ने के लिए भागी आ रही है, पर जब बीच में काफी दूरी बनाते हुए वह सर्र-से निकल जाती तो वह चैन की साँस लेती।

जब वे घर पहुँचे तो अनु एकदम थक गई थी, पर उसके मन में थोड़ी-सी खुशी उभर रही थी—आठ-दस मील गाड़ी अपने-आप चला लेने की।

नीरजा ने व्यंग्य से कहा, "कुछ पति अपनी पत्नियों को बच्चे देते हैं, कुछ मशीनें।"

कीरत ने उसके पीछे-पीछे कहा, "अँगूर खट्टे हैं। स्साली! प्रणव के पीछे लगी रहती थी।"

"तुम उसकी बात पर ध्यान न दो अनु," विभा ने कहा, "तुम इतनी महँगी स्पोर्ट्स कार का क्या करोगी, तुम्हें तो मामूली टोयोटा से काम चल जाता, बाजार से सिर्फ शॉपिंग ही तो करनी है।"

सिर्फ रानी हँसती और सिर हिलाती रही, "नाइस! नाइस! हाउ नाइस फार यू अनु! अब सखी सम्मेलन में जाने के लिए तुम्हीं से लिफ्ट लिया करूँगी।"

रोजलिन ने कहा, "कितना समझनेवाला पति है तुम्हारा! तुम्हें आत्मनिर्भर

बना रहा है।"

अनु घर के सामने खड़ी गाड़ी को देखती है। अब वह कहीं भी जा सकती है, कभी भी। उसे प्रणव का इन्तजार नहीं करना पड़ेगा। किसी भी चीज की कभी भी जरूरत होने पर वह स्वयं गाड़ी लेकर जा सकती है।

फिर भी, वह प्रणव का इन्तजार करती है।

फिर एक दिन प्रणव आकर कहता है, "प्रवासी भारतीयों पर एक डाक्युमेंट्री बन रही है। हमें किसी ने सजेस्ट कर दिया है...शूटिंग घर में भी होगी, तुम्हारे जीवन का एक दिन।" अनु उत्तेजना से थरथराने लगती है, नर्वस भी है, बेतरह खुश भी। प्रणव हँसता है। फिल्म की डायरेक्टर है चन्द्रिका राणा—साथ में कुछ अमेरिकन लड़के-लड़कियाँ। सब घर में घुस आते हैं और आधे घंटे में सबकुछ उलट-पलट कर जाते हैं। घर जैसा है, बिलकुल ठीक, शीशेवाले कुशन, कुषाण काल के बुद्ध के सिर की कॉपी, दीपदान, संग खड़े झूले पर पीले रंग की साड़ी पहनाकर अनु बैठा दी गई है।

"ब्यूटीफुल—ब्यूटीफुल," उच्छ्वसित होकर माइकेल, असिस्टेंट डायरेक्टर कहता है, "इनकी ओर देखो चन्द्रिका--जैसे देवकन्या!" फिर प्रणव से, जो चन्द्रिका के पास खड़ा कौतुक से सबकुछ देख रहा है, "यू आर लकी। आपके पास भारत का अलभ्य रत्न है।"

अनु अपने हाथ तपते गालों पर रख लेती है। वह शरम से लाल हो गई है। चन्द्रिका न्यूयॉर्क में एक टी.वी. स्टेशन में प्रोग्रामों की प्रोड्यूसर है, उसे यह फिल्म बनाने का कांट्रेक्ट मिला है। सबमुछ पैकअप हो जाने के बाद प्रणव सबको एक-एक बियर देता है और सब वहीं जमीन पर पसरकर आड़े-टेढ़े बैठ जाते हैं। चन्द्रिका लगातार सिगरेट पीती है, बीच-बीच में बोतल मुँह में लगाकर बियर का घूँट ले लेती है और कुछ व्यंग्य से मुस्कुराती हुई अनु को देखती है, अनु, जो अब आतिथेया बनकर सहज महसूस कर रही है और नाश्ते की प्लेटें सबके सामने घुमा रही है।

"आप सिर्फ यही करती हैं?" उसका प्रश्न अचानक एक गोली की तरह निकलता है।

अनु के बचाव में आते हुए प्रणव ने कहा, "यही अनु को बहुत व्यस्त रखता है। इतना बड़ा घर, फिर मेरी देखभाल, इतना ही इनके लिए काफी है।"

"आप नहीं चाहते कि यह कुछ और करें?"

चन्द्रिका ने प्रणव को चुनौती देते हुए कहा।

"मुझे कैरियर गर्ल नहीं चाहिए थी," प्रणव ने कहा, "मैं चाहता था सरल, स्नेहशील बीवी, जिसके साथ बैठकर मुझे सुख-चैन मिले।"

"यानी कि कामकाजी लड़की स्नेहशीला बीवी नहीं बन सकती?" चन्द्रिका ने कहा।

"कामकाजी लड़की को पति से बराबरी करने के बाद कुछ और करने का समय ही कहाँ रहता है?" प्रणव ने कहा।

"मैं इस बात को नहीं स्वीकार करती।" चन्द्रिका ने उग्र होकर कहा।

"हम सभी को अपनी-अपनी मान्यताओं के साथ रहने का अधिकार है," प्रणव ने हल्के से कहा, "है कि नहीं?"

चन्द्रिका एकदम चुप हो आई। वह कुछ देर प्रणव को घूरती रही फिर उसने सिगरेट कुचलकर बुझाया और अपना बोरिया-बस्ता समेटकर फुफकारती हुई बाहर चली गई। अनु का आदेश था कि घर वैसे ही रहने दिया जाए, शूटिंग दो दिन और चलनेवाली थी।

प्रणव बिस्तर पर था। अनु ने कहा, "कितना मेकअप थोप दिया गया था, पोंछते-पोंछते गाल छिल गए।" वह पास आकर पलँग पर बैठ गई। उसने प्रणव की दृष्टि अपने ऊपर पाई। उसमें स्निग्धता नहीं थी, न सराहना, था एक बेबाकपन, तौलती हुई उस नजर से अनु सहम गई, "क्या देख रहे हैं?"

"कुछ नहीं। इधर आओ।"

अनु ने अपने को प्रणव की कसी पकड़ में घिर जाने दिया। प्रणव के होंठ क्रूर थे। वह एक हिंसक आक्रोश में अनु को झकझोर रहा था, प्यार में नहीं। अनु ने उसे दूर ठेलना चाहा। वह प्रणव, जो देर तक उसे सहलाता, दुलराता रहता था, इस वक्त कहाँ खो गया था! रह गया था एक पुरुष मात्र, जिसका अव्यक्त रोष और ऐंठती हुई ताकत वह महसूस कर रही थी, पर जिसका कारण जानने में वह असमर्थ थी। वह देर तक कुचली, टूटी, चुकी हुई पड़ी रही। प्रणव ने उठकर गिलास में शराब डाली और खुली खिड़की के आगे जाकर खड़ा हो गया। ठंडी हवा कमरे में घुस आई और अनु का अंग-अंग एकबारगी दुखने लगा।

अनु को लगता है कि कहीं कुछ अलक्ष्य घटा है। जिन्दगी की जो गाड़ी आराम से पटरी पर चली जा रही थी, जैसे लड़खड़ाने लगी है। कारण था प्रणव, उसकी लम्बी-लम्बी चुप्पियाँ, उसका अनमनापन, उसका बात-बेबात पर गरम हो आना, अनु को झिड़क देना।

"मुझसे नाराज हैं?" उसने पूछा।

"नहीं तो।" प्रणव का छोटा-सा उत्तर था।

"फिर..." अनु ने अनिश्चय-भरे स्वर में कहना शुरू किया।

"फिर क्या?" प्रणव की आवाज में कड़ापन था।

"कुछ परेशान-से रहते हैं।" अनु ने कह ही डाला।

"अस्पताल में काम बहुत है।" प्रणव ने ऐसे कहा कि अनु की हिम्मत आगे कुछ और कहने की नहीं हुई।

खाने की मेज पर आमने-सामने बैठे थे। अनु ने प्रणव की प्लेट देखकर कहा, "क्या बात है, तुमने तो कुछ छुआ ही नहीं!"

"रोज-रोज वही परस देती हो, वही दाल-रोटी, वही गोश्त..."

"मगर ये तो ताजा है?"

"मैं वह बात नहीं कर रहा हूँ," प्रणव ने कहा, "कुछ चेंज होना चाहिए न, नहीं तो जी भर जाता है।"

"दाल-रोटी से कभी किसी का जी भरता है?"

प्रणव उसे बहुत देर तक समदृष्टि से देखता रहा, फिर बोला, "अनु! सोचता हूँ कि डॉक्टरी छोड़ दूँ..."

"डॉक्टरी छोड़ देंगे?" अनु ने हक्का-बक्का होकर कहा, "फिर क्या करेंगे?"

"फिल्में बनाऊँगा?"

"फिल्में?" वह कुछ देर चुप रही, "मगर फिल्मों के लिए कुछ जानकारी होनी चाहिए कि नहीं? पैसा भी लगेगा।"

प्रणव ने उठकर अलमारी खोली, गिलास में शराब डालते हुए बोला, "मैं इधर काफी मात्रा में पीने लगा हूँ। है न?"

अनु ने कहा, "डॉक्टरी छोड़ देंगे तो काम कैसे चलेगा?"

"सब चल जाएगा। इतना बड़ा घर नहीं चाहिए। अपनी गाड़ी बेच दूँगा, तुम्हारी तो है ही।"

अनु विचार में डूब गई। फिर पूछा, "यह बैठे-बैठे कैसे मन में बात आई? कहाँ डॉक्टरी, कहाँ फिल्म बनाना!"

"मुझे इधर काफी दिन से डॉक्टरी बिलकुल रुटीन लगने लगी है, वही अस्पताल, वही सर्जरी। ठीक है, पैसा है, पर अपने को कितने पैसे की जरूरत है? मेरा मन जैसे कुछ और करने को छटपटाता रहता है। उस डाक्युमेंटरी के बनने के दौरान मुझे लगा कि मैं यह भी आजमाना चाहता हूँ, मैं प्रयोग करना चाहता हूँ। मैं पहले डाक्युमेंटरी बनाऊँगा। अगर सफलता मिली तो वाह-वाह, नहीं तो डॉक्टरी लाइसेंस तो कहीं गया नहीं है।"

"इंडिया चलेंगे? बंबई में रहेंगे?"

अनु के आगे अपना एक मानसिक चित्र उभरता है, फिल्म डायरेक्टर की पत्नी। अभिनेत्री। मॉडेल।

"अभी से सपने देखने लगीं?" प्रणव हँसा, "अभी तो बहुत-सी मंजिलें बाकी हैं।"

"तो यह घर बेच देंगे? कितने सारे फूल लगाए हैं अभी, कितने फलों के पेड़, और इतना सारा सामान, इस सबका क्या होगा?"

"आई डोंट नो," प्रणव ने अंग्रेजी में कहा, "आई जस्ट डोंट नो।"

उस रात प्रणव देर तक बैठक में चहलकदमी करता रहता है। अनु उसे असहाय, उलझी-उलझी ताकती रहती है। अगली सुबह सबकुछ अपनी जगह पर आ जाता है। प्रणव अस्पताल जाता है। वह कंचन की कॉफी-पार्टी में नमकीन और मठरी खाते हुए एकदम सुस्त हो आती है। प्रणव को इस तरह सनक उठती है, यह उसे पहली बार मालूम हो रहा था।

बहुत दिनों तक प्रणव चुप रहा। अनु के प्रति सदय। उदार। उसे घुमाना-फिराना, चाइनीज रेस्तराँ में ले जाना। हँसना। फिर एक दिन सहसा ही उसने कहा, "मैं अगले हफ्ते से घर खाने पर नहीं आ पाऊँगा।"

"क्यों?"

"फिल्म मेकिंग का कोर्स ले रहा हूँ। शाम की क्लास है।"

"तो बहुत स्ट्रेन नहीं हो जाएगा?"

"नहीं चलेगा तो छोड़ दूँगा।"

बुध को वह नाश्ता करते हुए कहता है, "मेरा इन्तजार न करना। आज मेरी क्लास है, तीन घंटे की।"

अनु सारी शाम बैठी-बैठी टेलीविजन देखती है। घर में एकाएक डर-सा लगने लगता है। विभिन्न आवाजें। सड़कों पर मोटरें, अन्दर ईंधन की भट्ठी का चलना और रुक जाना, रेफ्रीजरेटर की आवाज। टेलीविजन पर रंगबिरंगी तस्वीरें, एक फंतासी दुनिया।

थककर वह वहीं सोफे पर लुढ़क गई, शॉल पैरों पर डालकर उसने आँखें बन्द कर लीं। जब जागी तो कुछ क्षण यह जानने में लगे कि वह है कहाँ। पूरा शरीर अकड़ रहा था। वह उठकर बैठ गई। सुबह के पाँच बजे थे। प्रणव! यह खयाल आते ही एकदम खड़ी हो गई। प्रणव पलँग पर पड़ा गहरी नींद में सो रहा था।

प्रणव ने मुझे जगाया नहीं?

अनु को झटका-सा लगा। कम्बल उठाकर वह बिस्तर में घुस गई। उसने करवट लेकर दायाँ हाथ प्रणव की बाँह पर रख दिया। फिर भी, प्रणव सोता ही रहा।

अनु ने उँगली से हलके-हलके उसके होंठों को छुआ।

प्रणव ने उसका हाथ अलग कर दिया। निंदासी आवाज में कहा, "मुझे तंग मत करो। बहुत थका हुआ हूँ।" और कम्बल खींचकर अनु की तरफ पीठ कर ली।

प्रणव की नई रुचि के बारे में अनु ने किसी से कुछ नहीं कहा। गतिविधि में थोड़ा फर्क आया, पर नित्यप्रति की चर्या में ज्यादा व्यवधान नहीं पड़ा। हर बृहस्पतिवार को स्त्रियों की कॉफी-पार्टी होती रही, नए-नए व्यंजन, नई-नई साड़ियाँ, संगीत के ताजा टेप। अनु गाड़ी लेकर दुकानों के चक्कर लगाती रही, ड्राइक्लीनिंग करवाना, पेट्रोल भरवाना, खाने-पीने का सामान खरीदना, खाना बनाना और प्रणव की प्रतीक्षा में रात तक बैठे रहना। इसके परे क्या कुछ और भी हो सकता है, अनु ने जानने की कोशिश नहीं की। बच्चों का विचार ही प्रणव को बोर कर देता है, "अभी, बच्चे नहीं।" अनु हमेशा प्रणव की बात सुनती है, "पहले एंजाय करना चाहिए, बाद में बच्चे।"

प्रणव छुट्टी लेकर भारत जा रहा है, छह हफ्ते की शूटिंग के लिए। अनु भी जाएगी। उत्साह से वह शॉपिंग करती है, मेकअप का सामान, बर्तन-भांडे, डिनर और चाय के सेट, चादरें, तौलिये, छाते और कृत्रिम साड़ियाँ, चीजें, कितनी चीजें...सबके लिए, सबको मुक्तहस्त, उदारता से चीजें देगी।

प्रणव के साथ-साथ वह भी भारत घूमती है। हैदराबाद में लम्बा पड़ाव है। अनु रोज जाकर अपने लिए दो-तीन साड़ियाँ खरीद लाती है। हर रंग की

पटोला साड़ी, मोती की माला, चूड़ियाँ, अमेरिकी लोगों को देने के लिए नकली गहने। हैदराबाद से मैसूर, वहाँ से मद्रास, अनु ने ऐसे शॉपिंग कभी नहीं की। वापस लौटकर वह सबको चकाचौंध कर देगी। कभी किसी साड़ी को दुबारा पहनने की नौबत नहीं आएगी। हेमा मालिनी की तरह।

अनु को अब कुछ और नहीं चाहिए। उसके पास डॉक्टर विभा से ज्यादा साड़ियाँ हैं, कंचन के खानदानी गहनों से ज्यादा चमकदार हीरे हैं। अनु ने स्वीकार कर लिया है कि वह सुन्दर है, गुणवती है, भाग्यवान है।

बड़ी लल्ली–सास–की एक ताड़ना से वह आसमान से उतरकर जमीन पर आ गिरती है, "बेटू का खयाल नहीं करती बहू? देखो तो, कैसे हो गए हैं? गाल पिचक गए हैं, हड्डियाँ ही हड्डियाँ रह गई हैं। बाल इसी उमर में सफेद होने लगे।"

"काम बहुत रहता है।" अनु ने धीरे से कहा।

वह जैसे बहुत दिनों बाद किसी अनजान पुरुष को देख रही है, प्रणव सचमुच बदल गया है। चेहरा साँवला हो गया है और बालों में काफी सफेदी दीखने लगी है। पूरा शरीर चुपचाप एकदम ढाँचा मात्र रह गया है, पर आँखों में एक चमक है, करीब-करीब एक विक्षिप्त चमक।

"कहते हैं, डॉक्टरी छोड़ देंगे। फिल्म बनाया करेंगे। मैं क्या कर सकती हूँ?" अनु आज्ञाकारी स्वर में कहती है।

"भाभी, भैया को उस लड़की से बचाकर रखो।" ननद हँसकर कहती है।

अनु कहती है, "नहीं, उधर से कोई खतरा नहीं है।"

इस दौरान चन्द्रिका और प्रणव खिंचे-खिंचे रहते हैं। वह पीछे बैठती है, अनु और प्रणव आगे। उन दोनों में कोई बात नहीं होती। प्रणव जागता है, शराब पीता है और फिर सो जाता है। अनु मन-ही-मन अपनी शॉपिंग को याद करती है और खुश हो जाती है।

अनु ने प्रणव की पसन्द की मछली बनाई है। वह रसोई में पतीलियों के ढक्कन उठा-उठाकर देखती है। मछली, छोंके, आलू की भुजिया, भात। लहसुन की चटनी। आटा तैयार रखा है। आते ही झटपट फुलके उतार देगी। फिर शॉपिंग को जाएँगे। ज्वेलर के यहाँ माला का ऑर्डर दिया हुआ है, उसे लेने। कल उसे लंच में जाना है, वह माला तो जरूर चाहिए। बाहर अँधेरा घिरता देखकर उसे

थोड़ी-सी चिन्ता होती है, पर वह ज्यादा परेशान नहीं है। कभी-कभी सर्जरी करनी पड़ जाती है और पैसा तो सर्जरी से ही आता है। प्रणव उसे बता चुका है, पर रखा-रखा खाना ठंडा होता जा रहा है।

वह बहुत झिझकते-झिझकते अस्पताल फोन करती है। प्रणव कब का जा चुका है।

अँधेरा धीरे-धीरे गाढ़ा हो गया है। अनु व्यग्र, व्याकुल होकर बार-बार खिड़की से झाँकती रही। फिर उसने दिमाग पर जोर डाला, प्रणव के सारे दोस्तों में डॉक्टर शाहा ही हैं, जिन्हें फोन किया जा सकता है। डॉक्टर शाहा के फोन का जवाब उनकी आन्सरिंग सर्विस ने दिया, ''डॉक्टर शाहा एक मीटिंग में चार दिन के लिए बाहर गए हैं।''

''उनकी बीवी?'' अनु ने पूछा।

फोन काफी देर तक बजता रहा, फिर खोजी-सी आवाज में जवाब मिला, ''डॉक्टर विभा।'' अनु ने कहा, ''क्षमा मीजिए, रात हो रही है और ये अभी तक घर नहीं आए हैं।''

विभा ने कुछ देर चुप रहकर कहा, ''परेशान होने की बात नहीं है, आते ही होंगे।''

और सचमुच प्रणव पन्द्रह-बीस मिनट में आ पहुँचा, ''कुछ काम आ गया था। खाना खा लिया है, तुम भी खा लो। मैं थका हूँ, सोऊँगा।''

वह कमरे में चला गया।

''कहाँ रह गए थे, मैं इतनी परेशान हो रही थी,'' अनु ने पीछे-पीछे आते हुए कहा, ''कुछ तो खा लें। मछली बनाई है।''

''कह तो दिया, खाकर आया हूँ।''

''थोड़ा-सा ही...'' अनु ने मनुहार की।

''भूख नहीं है, पीछे मत पड़ो,'' प्रणव का कंठ रूखा हो आया। वह भी बिना खाए बिस्तर पर आ जाती है। अँधेर में पूछती है, ''मुझसे नाराज हो गए हैं?''

''नहीं तो, क्यों?''

''प्यार किए हुए कितने दिन हो गए...''

''माँगकर प्यार किया जाता है?''

अनु चुप। अपनी तरफ की गई प्रणव की पीठ को ताकती है।

कपड़े धोते समय प्रणव की पतलून की जेब से कागज का मुड़ा-तुड़ा पर्चा मिलता है, उस पर अंग्रेजी में इबारत लिखी है :

'मुझे आज शाम फोन करना।'

वह पढ़ती है और फेंक देती है।

प्रणव और अनु में, अब शादी के चार-साढ़े चार साल बाद आए दिन झगड़े होने लगे हैं। अपने को इतना कड़वा-तीता बोलना भी आता है, अनु को ताज्जुब होता है। उसकी दृष्टि में इतना भला, खयाल रखनेवाला प्रणव एकदम से टेढ़ा-टेढ़ा चलने लगा है। सारे दिन अस्पताल का काम, सुबह आठ बजे निकलता है तो शाम को अँधेरा झुके घर में घुसता है। कुछ खा-पीकर एक हलकी-सी नींद लेता है और फिर चला जाता है, फिल्म की एडिटिंग करने। यूनिवर्सिटी के फिल्म डिपार्टमेंट की मशीनें रात में ही खाली रहती हैं। कम बजट में ही काम हो जाए, यह प्रयत्न है। शनिवार और इतवार को सारा-सारा दिन वहीं बीतता है। अनु एकदम अकेली हो जाती है। प्रणव को अब पार्टियों के लिए भी शामें नहीं बचतीं। अनु की सारी नई साड़ियाँ सूटकेस में पड़ी-पड़ी सड़ रही हैं। "मैं नहीं जा पाऊँगा, तुम चली जाओ।" प्रणव का उत्तर है। अनु को अकेले जाना अच्छा नहीं लगता, सभी तो जोड़े-जोड़े से आते हैं, फिर सब प्रणव को पूछते हैं। उत्तर में भौंहें ऊपर करके कहते हैं, "शनिवार को भी काम रहता है! शाम को भी!"

अनु ने इस सबसे बचने का निश्चय कर लिया है कि वह जाएगी, तो प्रणव के साथ, नहीं तो घर बैठेगी। पर अकेले घर बैठे-बैठे उसे गुस्सा आता रहता है, खासतौर से प्रणव पर कि सारी औरतें जुटकर खाती हैं, पीती हैं, पार्टी एंजाय करती हैं, अपने-अपने मियाँ की बगल में गाड़ी में आती हैं और वह अकेले घर में बैठकर सारी शाम टीवी से आँखें फोड़ती है।

"तो तुम कुछ करतीं क्यों नहीं?" प्रणव झल्लाकर कहता है, "मैंने ही क्या जिम्मेदारी ले रखी है?"

"मैं क्या करूँ?"

"कुछ पढ़ो-लिखो, आगे एम.ए. में नाम लिखा लो। घर-गृहस्थी के बाहर कुछ दिलचस्पी लो।"

अनु को अपने कानों पर विश्वास नहीं होता। शुरू में जब आगे पढ़ने की बात उठाई थी तो प्रणव ने एकदम नहीं सुनी थी, 'बस काफी है, मुझे नौकरी तो करवानी नहीं है।' वह कहती है, "अब इस उमर में पढ़ूँगी? जब पढ़ने का शौक था, तब तो..."

''वह मेरी गलती थी। अब बात बदल गई है...''

''कैसे?''

''मैं चाहता हूँ कि तुम मुझ पर इतनी निर्भर न रहो। मुझसे अलग अपना व्यक्तित्व बनाओ। आत्मनिर्भर बनो। तब तो तुम बच्ची थीं, एकदम अबोध। अब तो यहाँ चार-पाँच साल से हो, वह बचपना अब क्यूट नहीं लगता।''

''मगर यह है मार्च, पढ़ाई तो बीच से शुरू नहीं हो सकती। उसके लिए तो कई महीने हैं।''

प्रणव ने हाथों से संकेत किया कि वह बात आगे नहीं बढ़ाना चाहता, पर अनु ने कहा, ''मैं क्या कर सकती हूँ? ब्यूटी कॉलेज में ट्रेनिंग मिल सकती है, पर औरतों के बालों की गन्द मुझसे नहीं धोई जाएगी। सेक्रेटरी? उसके लिए टाइपिंग सीखनी पड़ेगी। फिर तुम्हारी मम्मी क्या कहेंगी कि बहू से नौकरी करवाते हो!''

''मम्मी की परवाह कौन करता है?''

''मुझे तो करनी होगी।'' फिर अनु ने बिना सोचे-समझे निर्णय सुना दिया, ''सुनो, मेरा पढ़ने-वढ़ने को दिल नहीं है। न मुझसे नौकरी होगी। ठीक है, जैसे रखोगे, रहूँगी। अब शिकायत नहीं करूँगी।''

अनु ने फिर भरसक प्रयत्न किया कि प्रणव पर किसी तरह का बोझ न बने। अगले शुक्र को सुबह जाते हुए प्रणव ने कहा, ''शाम को देर से लौटूँगा, तुम एकदम तैयार रहना, आने पर साथ ही चलेंगे।''

''कहाँ?'' अनु ने पूछा।

''डॉक्टर विभा की मैरिज एनीवर्सरी है न?''

''पर उस दावत को तो मैंने मना कर दिया।''

''मना कर दिया है! क्यों?''

अनु ने सहमकर कहा, ''आपने ही तो कहा था कि किसी भी दावत को हाँ मत करना।''

''पर इसकी बात दूसरी है। उनकी शादी की बीसवीं वर्षगाँठ है। मैं अस्पताल में विभा से बात कर लूँगा।''

अनु तैयार होती है, पर वह पाती है कि उसमें बाहर जाने का बिलकुल उत्साह नहीं है। शीशे में मुँह कुम्हलाया लगता है। एकाएक आँखों में वही पुरानी अनु झलकने लगती है, वही ननिहालवाली। उस पर पूरी शाम विभा उसकी एकदम उपेक्षा करती है। प्रणव की कुर्सी की बाँह के हत्थे पर बैठकर उससे

चुहल, ठठोली करती है और अनु को मालूम नहीं क्यों, रह-रहकर सब पर गुस्सा आता रहा है–अपने पर, प्रणव पर, विभा पर।

उसे लगा, लोग बेकार ही विभा को ऊपर चढ़ाए रहते हैं। ठीक है, डॉक्टर है, वह भी डॉक्टर हो सकती थी। वह होंठ भींचे बैठी रही अपनी कुर्सी पर और एकटक प्रणव को देखती रही...

''हैं डॉक्टर, बन गए हैं फिल्म डायरेक्टर...'' विभा ने कहा, ''तुम्हारा यह शौक इतना सीरियस हो जाएगा, यह मालूम नहीं था।''

''तुम तो जानती ही हो...मुझे कोई नया शौक चढ़ता है तो आगे-पीछे का सब भूल जाता हूँ। मगर यह शौक नहीं है, अब तो मैं सचमुच डॉक्टरी छोड़ने की सोच रहा हूँ।''

शायद विभा उसकी आवाज की सच्चाई से गम्भीर हो गई। उठकर खड़ी हो गई। पत्थर की तरह बैठी अनु की तरफ नजर डालकर बोली, ''खूब सोच-समझकर ही आगे कदम उठाना। पूरी जिन्दगी का सवाल है। अनु की भी जिम्मेदारी है।''

''अनु की जिम्मेदारी ही मुझे बाँधे हुए है, नहीं तो मैं कब का...''

शाहा शैम्पेन-भरे गिलास अतिथियों को देने लगे, अनु ने भी गिलास उठा लिया। वह मुस्कुराते हुए बोले, ''आप पहली बार ले रही हैं, हमारी खुशी में शामिल होने के लिए...धन्यवाद।'' बुलबुले अनु की नाक में गुदगुदी करते हैं। वह एक के बाद दूसरा गिलास खाली करती रहती है। लोग हँस रहे हैं, खा रहे हैं, कमरे में बातचीत का शोर है। अनु को बहुत जोर से रोना आ रहा है, पर वह यहाँ नहीं रोएगी। वह प्रणव के पास जाकर कहती है, ''मुझे घर ले चलो।''

गाड़ी में बैठते ही उसे रुलाई आ जाती है। वह क्या कह रही है, क्यों उसे रोना आ रहा है, यह प्रणव समझ नहीं पाता।

''आज पीने का क्या शौक चर्राया था? लोग पीकर खुश होते हैं, आप रो रही हैं।''

''तुम नहीं समझोगे,'' अनु ने आँखें पोंछकर कहा, ''मुझे लग रहा है, जैसे मेरा सतलड़ा हार खो गया है।''

फिर एक दिन प्रणव सचमुच अस्पताल में अनिश्चित अवधि की छुट्टी की अर्जी देकर सामान बाँधने लगता है।

अनु सुबकती है, "मुझे भी साथ ले चलो, प्लीज! मैं अकेली कैसे रहूँगी? मैं तो डर के मारे मर जाऊँगी।"

"तुम कहाँ चलोगी? भारत होता तो साथ ले चलता। कैलीफोर्निया में कहाँ रहोगी?"

"जहाँ तुम रहोगे, वहीं मैं भी रहूँगी।"

"मैं तो शूटिंग पर इधर-उधर आता-जाता रहूँगा, तुम बीच में झंझट खड़े करोगी।"

"मुझे चन्द्रिका के पास छोड़ देना। वह भी तो वहीं है।"

"वह सम्भव नहीं है।" प्रणव ने कहा, "समझदारी से काम लो। यहाँ आराम से रहोगी, दोस्त वगैरह सब हैं, घर है। अब तुम बच्ची तो हो नहीं।"

"प्लीज, प्लीज!"

"नहीं।" प्रणव की आवाज में सख्ती है, एक स्कूल मास्टर वाली सख्ती।

अनु कमरे के बीच फैले उसके सूटकेस को असहाय देखती है, "लाओ, मैं पैकिंग कर दूँ।"

"हो गई पैकिंग।" प्रणव ने कहा। उसने दो पतलूनें ली हैं, चार-पाँच कमीजें। सूट वगैरह सब अलमारी में टँगे हैं।

"ऐसा मुँह मत बनाओ अनु, पहले भी तो अकेली रही हो।"

"हाँ, पर दो-चार दिनों में लौट आते थे। इस बार न जाने कब आओगे! कुछ बताते भी तो नहीं। पता-ठिकाना कुछ नहीं दे रहे हो। मैं कैसे रहूँगी, सोचते भी नहीं..."

"अनु!" प्रणव ने झल्लाकर कहा, "मुझे चलते वक्त इरीटेट मत करो।"

अनु तमाचा खाई बच्ची-सी सहमकर मौन हो जाती है। फिर वह उसके जाने तक कुछ नहीं कहती।

चलते-चलते प्रणव उसे खींचकर सीने से लगा लेता है, "घबराना मत, मैं फोन करता रहूँगा।"

प्रणव के जाने के बाद अनु ऐसे गिरी, जैसे कोई कटा पेड़ गिरता है।

उसकी समझ में नहीं आता कि दिन कैसे काटे? कहाँ तक गाड़ी लेकर दुकान से दुकान में फेरे लगाती रहे, कुछ खरीद-फरोख्त की जरूरत भी नहीं है। खाने-पीने की चीजें खत्म होने को नहीं आतीं। एक मुट्ठी दाल तीन दिन तक रखी रहती है। अगर एक दिन खाना बनाती है तो हर बार फ्रिज खोलने से वही चावल, वही आलू-गोभी की तरकारी उसे नजर आती है। भूख भी तो

नहीं लगती। न अकेले घर में नींद आती है। उसे हर वक्त रुलाई आती है, प्रणव पर गुस्सा आता है। वही है दुनिया से अलग। डॉक्टर शाहा भी तो हैं, सीधे-सादे अल्ला मियाँ की गाय सरीखे। अस्पताल जाते हैं, सर्जरी करते हैं, अपनी बीवी के आगे-पीछे डोलते रहते हैं। वक्त पड़ने पर साड़ी पर इस्तरी भी चला देते हैं और वह हैं डॉक्टर सिंह, उनकी बीवी जाड़ों-भर इंडिया रहती है और जब आती है तो नखरों के मारे पैर जमीन पर नहीं पड़ते। बेचारे दाँत निपोड़कर ही-ही करते रहते हैं। बस, प्रणव कुमार दुनिया से अलग हैं, डॉक्टरी करते-करते बर्न आउट हो गए हैं, फिल्में बना रहे हैं, तीर मार रहे हैं, बीवी के सुख-दुख की फिकर नहीं।

प्रणव हर दूसरे दिन फोन करता है। अनु बार-बार यही कहती है, "कब लौटेंगे? मुझे बहुत अकेला लगता है, मन नहीं लगता। सुनिए, बस अब आ जाइए।"

"काम है। बहुत बिजी हूँ। जैसे ही समय मिलेगा, आऊँगा।"

और फिर वह एक दिन बिना बताए आ गया। अनु की खुशी का ठिकाना नहीं रहा, वह एकदम खाना बनाने में जुट गई। मछली करी, आलू-भुजिया...

प्रणव आकर रसोई में स्टूल पर बैठ गया, "तुम कुछ खाती-पीती नहीं थीं क्या? कितनी दुबली हो गई हो!"

"आप भी तो, चेहरा एकदम काला पड़ गया है। अब कुछ दिन रहकर आराम करो।"

प्रणव सभी कुछ अनु की मर्जी से करता है। उसके साथ दावतों पर जाता है, पर उसके कदमों में एक बेचैनी है। उसके चेहरे से लगता है कि वह किसी बात में उलझा हुआ है। कभी-कभी अनु को लगता है कि वह कुछ सुनता-गुनता नहीं, वह हजारों मील दूर है। कभी-कभी अनायास ही उसे बाँहों में भर लेता है। मौके-बेमौके...

अनु कहती है, "आपको क्या हो गया है? इतने खोए-खोए क्यों रहते हैं? किस बात की फिकर में घुल रहे हैं? बताते क्यों नहीं?"

"फिर कभी बताऊँगा।"

अनु ज्यादा परेशान नहीं करती। बात का सीधा जवाब न देने की यह प्रणव की पुरानी आदत है।

दूसरी बार जाने से अनु को और भी ज्यादा खराब लगता है, पर वह धीरज से काम लेती है। यह उमंग पूरी हो जाने के बाद प्रणव का उत्साह ठंडा

हो जाएगा। वह लौट आएगा और फिर पहले जैसा होने लगेगा। कभी-कभी वह सोचती है कि अगर घर में एक-दो बच्चे होते तो कुछ चहल-पहल रहती, पर प्रणव से कहने की हिम्मत नहीं होती।

प्रणव ने वादा किया कि वह गर्मियाँ शुरू होते ही लौट आएगा। अनु उसी वादे पर टँगी हुई है। इधर-उधर के कामों में अपने को व्यस्त रखती है, प्रणव के लिए स्वेटर बुनती है, जरूरत न होने पर भी सोने के कमरे में नए पर्दे बनवाए हैं और मैचिंग बेड-कवर का ऑर्डर दिया है। जरा-सी ठंड कम होने पर भी आगे-पीछे मौसमी फूल बोएगी। इस बार चार जुलाई को उसके घर में गार्डन पार्टी होगी। डॉक्टर शाहा का ठेका थोड़े ही है और पार्टी होगी तो चाट पार्टी, आइसक्रीम स्पेशल। उसने अभी से मेन्यू बनाना शुरू कर दिया है।

न चाहते हुए भी प्रणव से झगड़ा हो जाता है। प्रणव चार जुलाई तक रुका नहीं रहेगा। उसे जाना है, काम है। एक बार कह दिया तो फिर टस-से-मस नहीं होता। अनु का मुँह फुलाना, अनबोला, भूख-हड़ताल सभी व्यर्थ हो गई है।

"तो मैं क्या करूँ? अकेले बैठे-बैठे मैं क्या करूँ?" वह हार मानकर कहती है।

"छोड़ दो मुझे," प्रणव ने दो-टूक उत्तर दिया।

"छोड़ दूँ? कैसे!"

"अलग हो जाओ। मुझसे अब तुम्हें कुछ भी सन्तोष नहीं मिलता..."

अनु ने उसके मुँह पर हाथ रख दिया, "ऐसी बात कभी फिर मत कीजिएगा। हँसी में भी नहीं। मैं जहर खाकर मर जाऊँगी।"

इस बार प्रणव का आना उसे आना-सा नहीं लगा। उसने इतने महीने सिर्फ उसके लौटने की आस में अकेले काटे थे। उसे विश्वास नहीं हुआ। प्रणव का काम खत्म हो चुका है, अगली फिल्म का कोई सिलसिला नहीं बैठा है। फिर भी उसे पश्चिम जाने की इतनी उतावली, इतनी बेचैनी क्यों है, यह वह समझ नहीं पाई। नए पर्दे, घर की नई साज-सज्जा, बगीचे के फूल, सब उसे मुँह-सा चिढ़ाने लगे। उसने प्रणव पर गुस्सा करना छोड़ दिया है, फायदा भी क्या है सिर्फ अपना खून सुखाने से!

पन्द्रह अगस्त आकर चला जाता है, छब्बीस जनवरी भी और शाहा दम्पती अपने नए देश का स्वतन्त्रता दिवस जोर से मनाते हैं। इस बार पार्टी फिर उन्हीं के घर होगी। सभी अतिथि एक-एक पकवान बनाकर लाएँगे,

विभा के कबाब, कंचन के छोले, कीरत का पेटेंट अंडा-हलुआ और अनु की रस मलाइयाँ। आदमी लोग बड़े पेड़ की छाँह में बैठकर स्कॉच पिएँगे, औरतें अनन्नास के रस में रम, बच्चे फूलों की क्यारियाँ रौंदेंगे, शोर मचाएँगे, फिर अँधेरा होने पर गाड़ियों में ठुँसकर सब लोग पास के पार्क में आतिशबाजी देखने जाएँगे।

अनु चाहकर भी मना नहीं कर पाती। प्रणव का आदेश है कि वह हर निमन्त्रण को स्वीकार करे, लोगों से मिलते-जुलते रहने से जी बहला रहता है, घर में बैठने से क्या फायदा और प्रणव के बिना अनु अपने को विभा के आगे अपदस्थ-सा पाती है। वह अपनी डॉक्टरी की डिग्री राजमुकुट की तरह पहनती है। पर उसे जाना ही पड़ेगा।

अनु ने मिठाई का बर्तन बिना कुछ कहे विभा की मेज पर रख दिया। अनु की पहचान के सभी लोग आ चुके थे। सभी स्त्रियाँ गर्मियों की साड़ियाँ पहने थीं। सभी बालों में एक ही काला रंग लगाए थीं, सभी के बाल छँटे हुए थे, हाथों में जूस के गिलास, चेहरे पर मुस्कान, अनु ने भी चेहरे पर जबरदस्ती एक मुस्कुराहट चिपका ली।

''डाइटिंग चल रही है क्या?'' कीरत ने पूछा।

''नहीं तो।''

''बहुत दुबली हो गई हो। प्रणव नहीं आए?''

''शहर से बाहर हैं।'' अनु ने छोटा-सा उत्तर दिया।

''तुम कब जा रही हो?''

''मेरा जाना तो...'' अनु कहने लगी थी, पर बात बदल दी, ''मकान का झंझट है।'' ये चेहरे, अनु ने इन सबके बीच कई साल बिताए हैं, सुबह की कॉफी पार्टियाँ, दोपहर के लंच, नए साल को पूरे झुंड का इसी तरह इकट्ठा होना, हिन्दी फिल्मों के बाद बियर और पीजा, पर इनमें से किसी को वह गहराई से नहीं जानती, किसी से अपना दुख-सुख नहीं बँटा सकती।

पार्टी में ज्योत्स्ना बेन भी हैं, शहर में कुछ दिनों के लिए वापस लौटी हैं। दो साल पहले यहाँ से कैलीफोर्निया में पति रिटायर कर दिए गए हैं। ''बड़ी प्यारी लग रही हो अनु,'' उन्होंने कहा, ''इटालियन मूँगे हैं क्या?''

''जी हाँ।''

''सबकुछ ठीक-ठाक चल रहा है?''

''जी।''

''प्रणव हमारे शहर में ही है, तुम्हें तो मालूम होगा।'' ज्योत्स्ना ने कहा।

अनु एकदम खिल गई, "ऐऽऽसा, नहीं मालूम था कि एक ही शहर है। इस बार मैं जरूर आने की कोशिश करूँगी। ये हर बार कहते हैं, मगर..."

"आओ, जरा कमरे में चलकर बात करें।" ज्योत्स्ना बेन ने उसकी बाँह पकड़कर कहा।

दोनों विभा के कमरे में आकर बैठ गईं, पास-पास पलँग पर। ज्योत्स्ना बेन हालचाल पूछती रहीं, अनु प्रणव की अनुपस्थिति में क्या करती रहती है? आगे क्या इरादा है? प्रणव ने क्या अब डॉक्टरी छोड़ दी है, आदि-आदि।

ज्योत्स्ना बेन का चेहरा एकाएक गम्भीर हो गया, उनकी आँखों में एक अजीब-सा भाव उभर आया। हिचकती हुई बोलीं, "अनु बेटी, तुमसे कहना चाहती हूँ, पर आज बात करने का मौका नहीं है, कल तुम्हारे पास आऊँगी।"

"जरूर आइएगा। खाना भी मेरे साथ ही खाइए। डॉक्टर पटेल को भी ले आइए।"

"नहीं-नहीं," ज्योत्स्ना ने हाथ से निषेध करते हुए कहा, "खाना-वाना नहीं, हमें शाम को यहाँ से जाना भी है। सुबह आऊँगी, दस-साढ़े दस बजे।"

दूसरे दिन वह जल्दी ही आई। अनु नहा-धोकर तैयार हुई ही थी। उसने झटपट चाय बनाई और मुस्कुराती हुई पास आकर बैठ गई।

"तो बेटी, अकेले कैसे चलता है?"

"बस, ऐसे ही," अनु ने कहा, "घर काटने को दौड़ता है।"

"अनु, तुमसे कैसे कहूँ, पर सोचती हूँ कि बड़ी उम्र होने के नाते यह मेरा फर्ज है..." वह रुक गई।

अनु ने उनका हाथ पकड़ लिया, "क्या बात है? कहिए...कहिए!"

"प्रणव के साथ वहाँ एक लड़की रहती है। मैंने सोचा था कि तुम जानती होगी, पर देख रही हूँ कि तुम्हें खबर ही नहीं है।"

"नहीं...!" अनु ने कहा, "ऐसा कैसे हो सकता है? कोई ऐसे ही जान-पहचान की होगी..."

"मैंने अपनी आँखों से देखा था। पता लगा कि दोनों साथ रहते हैं और..."

"और?"

"हम लोग तो पुराने विचारों के हैं। डॉक्टर पटेल ने जाकर प्रणव से साफ-साफ पूछा तो उसने कहा कि वह उसे चाहता है। उससे शादी करने की सोच रहा है।"

अनु स्तब्ध है, जैसे बिजली का करेंट लग गया हो! सुन्न, अवाक्! उसका दिमाग यह सब ग्रहण करने से इनकार कर रहा है।

गला साफ करके ज्योत्स्ना कहती हैं, "अनु, तुम अपना भला-बुरा सोचो। इस लीक को क्यों पकड़े बैठी हो? अपने को गला रही हो। प्रणव तो हमेशा से ही ऐसा था, कभी किसी का होकर रहा है? शादी से पहले भी उसके कितने सम्बन्ध रह चुके हैं। नई-नई नर्सें–हम लोग तो सब जानते हैं, देखते आए हैं, सोचा था, तुम्हें पाकर सुधर जाएगा, मगर..."

"मगर..." अनु ने घुटती आवाज में पूछा।

"नीरजा...अपनी यह डॉक्टर विभा..."

अनु कातर आँखों से उन्हें देखती है।

"नहीं, मैं इस पर विश्वास नहीं कर सकती। यह हरगिज सच नहीं हो सकता। आप यह सब क्यों कह रही हैं?"

अनु को स्वयं अपनी आवाज झूठ लगती है।

"तुम्हारे भले के लिए कह रही हूँ। तुम कब तक बच्ची बनी रहोगी। विभा ने तो उसे छोड़ा ही नहीं, जब भी शाहा शहर से बाहर जाते थे, प्रणव वहीं पड़ा रहता था।"

"चुप हो जाइए, आपके पैरों पड़ती हूँ। चुप हो जाइए।"

"और शिकागो में उसकी परमानेंट गर्लफ्रैंड है, डायवोर्सी। उससे तो खुल्लमखुल्ला उसका सम्बन्ध है। सारे डॉक्टर जानते हैं। जब भी शिकागो जाता है, उसी औरत के पास ठहरता है।"

"नहीं, नहीं, नहीं..." वह चीखना चाहती है, फिर एकदम सख्त होकर कहती है, "अब आप जाइए ज्योत्स्ना बेन। मैं और नहीं सुन सकती..."

दरवाजे के पास ठिठककर ज्योत्स्ना कोमल स्वर में कहती हैं, "मुझे माफ करना अनु, तुम्हारा दिल दुखाया। मैं तो जा रही हूँ, पर मेरी बात पर ध्यान देना। मैंने झूठ नहीं कहा है। यहाँ की सभ्यता में पत्नी को सबसे बाद में पता चलता है, जबकि तरकश से तीर निकल चुका होता है।"

तो ऐसे टूटता है दिल। अनु जैसे सचमुच अपने दिल का टूटना सुन सकती है। उसके दिल को जैसे कोई पंजे में पकड़कर ऐंठ रहा है। वह मुट्ठियों से अपने बाल कसकर पकड़ लेती है। उसके अन्दर हजारों ज्वालामुखी फूट पड़ते हैं। सबसे पहले चाय का प्याला फेंका, जाकर खिड़की से टकराता है और

खनखनाकर टूटता है। वह मेज से पूरी ट्रे उठाकर पूरे जोर से नीचे पटक देती है, फिर मेज काँच सहित, टेबल लैम्प, टेप रिकॉर्डर, प्रणव के यत्न से इकट्ठे किए रेकार्ड, उन्हें पैरों से रौंदते हुए उसे वहशियाना सुख मिलता है। प्रणव की शराब की बोतलें, महँगी बोतलें रसोई में जहाँ-तहाँ गिरती हैं। जिस चीज पर हाथ जाता है, उसी को बिना सोचे, तोड़-फोड़, फेंक-फाँक, तहस-नहस करती जा रही है। एक बवंडर की तरह। आज कुछ नहीं बचेगा। वह अपनी पहनी हुई साड़ी को नोचकर उसकी धज्जियाँ बिखेर देती है। प्रणव सामने पड़ता तो शायद उसका खून कर देती। नीरजा के बच्चे का गला दबा देगी। डॉक्टर विभाऽऽ को गोली मार देगी, फिर खुद भी मर जाएगी। उसके बाल बिखर गए हैं, आँखें लाल हैं। वह दीवार से बार-बार सिर टकराती है। पूरा घर पागल चीखों से गूँज रहा है, चीखों पर चीखें। क्या यह उसकी ही आवाज है? उसे होश नहीं है।

बाँह में सुई-सी चुभती है। वह जमीन पर गिरने लगती है।

अनु बीच-बीच में जागी है, कमरे में अँधेरा है। वह फिर आँखें बन्द कर लेती है। कभी-कभी लगता है कि वह मर गई है, तभी तो शरीर के होने का कोई एहसास नहीं है। वह अँधेरे में शरीरहीन, ऊपर-नीचे तैर रही है, पर कुछ देर से कोई उसे झिझोड़कर जगा रहा है। वह बहुत अनिच्छा और चिड़चिड़ेपन से आँखें खोलने की कोशिश करती है। खिड़की के पर्दे खुले हैं और कमरे में उजाला भरा हुआ है। उसने आँखें मिचमिचाईं—आँखें खोलने के साथ पूरा यथार्थ लौट आता है, याद उसे थप्पड़ मारती है।

उसका जोड़-जोड़ दुख रहा है।

वह अस्पताल में है। उसके पलँग के पास नर्स की वर्दी में एक औरत खड़ी है, "गुड मार्निंग, तबीयत कैसी है?"

अनु को फिर गुस्सा चढ़ने लगता है। वह चौंध से बचने के लिए आँखों पर बाँह रख लेती है और गूँगी-बहरी पड़ी रहती है। उसका सारा दर्द एक बाढ़ की तरह लौट आता है।

"तुम कैसा महसूस कर रही हो?" इस बार स्वर पुरुष का है, "मेरा नाम डॉक्टर गुडमैन है, तुम अंग्रेजी समझ सकती हो?"

अनु वैसे ही पड़ी रहती है। उसका गला रुँधा हुआ है, उसकी आवाज नहीं निकलती।

''मैं तुम्हारी मदद करना चाहता हूँ।''

खाक मदद करेंगे! कौन मदद कर सकता है! वह मेरा अपना दुख है, मेरा अपना प्राइवेट दुख। मेरी बिलकुल निजी हार। चूर-चूर होकर बिखर जाने की हार। बड़ा कहते थे कि तुम्हें रानी बनाकर रखूँगा—एक सिसकी उसे ऊपर से नीचे तक हिला जाती है।

''शायद वह अंग्रेजी नहीं समझती।'' नर्स कहती है।

''तुम ऐसा करो कि अस्पताल के स्टाफ में जो इंडियन लेडी डॉक्टर है न,'' डॉक्टर कहता है, ''मिसेज शाहा...उन्हें फोन करके बुला लो...उनसे शायद...''

''नो...!'' अनु चीखकर उठ बैठती है, डॉक्टर और नर्स उसे बिना किसी अचरज के देखते हैं। अनु एकदम संयत हो जाती है।

''मुझे अकेला छोड़ दें डॉक्टर—मैं बहुत थकी हूँ। मैं उठना नहीं चाहती।''

''पर उठना चाहिए,'' डॉक्टर कहता है, ''तुम पूरे दिन और पूरी रात बेहोश रही हो।''

''नहीं...डॉक्टर, प्लीज, मुझे अकेला छोड़ दीजिए!'' वह गिड़गिड़ाती है, उसका हाथ अपने आप माथा छूता है, एक सिसकारी निकलती है, गूमड़े-ही-मूमड़े हैं।

''अच्छा, तुम आराम करो। मैं शाम को फिर आऊँगा। तब बात होगी।''

उनके जाने के बाद अनु अकेले में बिलखने लगती है, ''गॉड, ओ गॉड, हेल्प मी। मेरी मदद करो, मुझे शक्ति दो। ओ सत्ती मैया, ओ साईं बाबा... मनसा देवी, तुम्हें चीर बाँधूँगी, 'विंध्यवासिनी देवी, तुम्हें चुनरी उढ़ाऊँगी; गंगा मैया, मैं भरे जाड़ों तारों की छाँह में नहाऊँगी; मेरे प्रणव को मुझे लौटा दो; हनुमान जी, जिन्दगी-भर मंगल का व्रत करूँगी; लक्ष्मी नारायण, मैं सोने का छत्र चढ़ाऊँगी; तिरुपति के स्वामी, तुम्हें...'' फिर वह एकदम शक्तिहीन होकर पलँग पर गिर जाती है।

उसका दिमाग खाली है, सुन्न। भावशून्य। मुख के ऊपर काली पुतलियाँ स्थिर, होंठ गिरे हुए। रक्तहीन शरीर। 'क्या होगा?' या 'कैसे जिऊँगी' की आकुल पुकार भी चुप, थकी हुई।

ज्योत्स्ना और डॉक्टर पटेल कुछ दूर जाकर दस मिनट के बाद फिर लौट पड़े थे। उन्होंने ही एम्बुलैंस बुलाई थी। अस्पताल में भर्ती कराया था। घर

बन्द करके चाबी अनु के पर्स में रख दी। ज्योत्स्ना ने जो सामने दीखे, वही दो-एक कपड़े साथ कर दिए थे और पर्स में पचास डॉलर भी डाल दिए थे। वापस लौटकर प्रणव को खबर कर देंगे। यह सब शाम को डॉक्टर गुडमैन बताते हैं।

यहाँ लाकर पटक दिया—अनु को गुस्सा आता है—फाँसी लगाकर मरने की सुविधा भी छीन ली।

"अब आप उठना चाहेंगी?" नर्स पूछती है।

"नो।" अनु कहती है। उसके स्वर में असहयोग है।

डॉक्टर अलग हट जाता है। दरवाजे पर कुछ हलके स्वर में बात होती है, फिर दोनों बाहर चले जाते हैं।

अनु आँखें मूँद लेती है। वह कभी नहीं उठेगी। ऐसे ही पड़े-पड़े प्राण दे देगी। न खाएगी, न पिएगी, रहें सब चैन से। शिकागोवाली, कैलीफोर्नियावाली, विभा। खिड़की के पर्दे हटाए जा रहे हैं, फिर एक उत्फुल्लित स्वर।

"गुड मॉर्निंग!"

वह एक काफी छोटी सी लड़की है। उसका हँसता हुआ चेहरा अनु के पास है।

"बहुत सुन्दर सबेरा है," वह कहती है, "आप उठेंगी? बाहर लोग नाश्ता कर रहे हैं।"

"मैं कुछ नहीं खाऊँगी।" अनु चादर खींचकर मुँह ढक लेती है। भाड़ में जाए आपका नाश्ता—वह सोचती है।

फिर सन्नाटा। फिर गहरी नींद।

जागकर अनु छत ताकती है। ढेर सारी धूप कमरे में भर गई है। खिड़कियों पर लाल छींट के पर्दे हैं। कमरे में दो पलँग हैं। दूसरा पलँग खाली है। पलँगों के बीच में एक कूड़े की खाली टोकरी है। उसके पलँग के पास एक मेज है, जिस पर नारंगी प्लास्टिक का एक जग है और एक गिलास। अनु की जबान खूब सूज जैसी गई है, उसके सूखे हलक में काँटे से उग रहे हैं।

नहीं, अभी वह कुछ नहीं सोचेगी। जैसे उस दुख के सैलाब को अपनी दोनों बाँहों से रोके हुए है। इस क्षण में वह खाली, अधर में टँगी हुई है। आगे कुछ नहीं है और पीछे मुड़कर देखने का उसमें बल नहीं है।

पदचाप। हँसमुख, गोरी, एक मोटी-सी औरत, "मेरा नाम ईडी है। आपका नाम क्या है? आपके लिए अँगूर का रस लाई हूँ। शायद प्यास लगी

होगी। हे भगवान, धूप तो निकली जा रही है, मैंने अपने बच्चे से कहा था कि उसे जू ले जाऊँगी। जरा उठिए तो, मैं बिस्तर ठीक कर दूँ...''

अनु न चाहते हुए भी उठकर बैठ गई, न चाहते हुए भी पकड़ाया जाता रस का गिलास पकड़ लिया।

''अब आप बाथरूम जाएँ तो मैं चादर बदल दूँ। आपके लिए अस्पताल का गाउन लाऊँ या आपके पास अपने कपड़े हैं?'' रस पीकर कुछ ठंडक पड़ी है।

ईडी ने अलमारी खोली है। वह एकदम खाली है। वह हलके स्वर में धाराप्रवाह बोलती जा रही है, ''हे भगवान, आप तो कुछ भी नहीं लाईं! टूथब्रश भी नहीं है! कोई बात नहीं, मैं अभी फोन करके मँगा लेती हूँ।''

वह फुदकती हुई चली जाती है और जब लौटती है तो उसका मुँह मुस्कान से भरा है, उसकी बाँह पर धुले हुए कपड़े हैं और हाथ में प्लास्टिक का बैग, ''अब हम तैयार होंगे...फिर बाहर जाएँगे...'' वह गाती हुई-सी आवाज में कहती है, ''बाथरूम का दरवाजा बन्द न करें...शायद चक्कर आ जाए, मैं यही हूँ, मदद के लिए...'' अनु शीशे में अपना चेहरा देखती है—कुछ नहीं बदला, सिर्फ होंठ पपड़ा गए हैं, माथे पर दो-एक खरोंच हैं। बाल रूखे, उलझे, मगर अभी भी लम्बी घुँघराली लटों में।

''जल्दी कीजिए थोड़ी,'' ईडी खुले दरवाजे से कह रही है, ''धूप निकली जा रही है, मुझे आपको नहलाकर, खिला-पिलाकर ही छुट्टी मिल सकती है...बच्चा इन्तजार में बैठा होगा, हे भगवान...''

तो...? तो...? तो...?

अनु बिलख-बिलखकर रो पड़ती है, गुसलखाने में टॉयलेट की सीट पर बैठी-बैठी। अब मेरा क्या होगा? अब मैं क्या करूँगी? हाय, अब मैं प्रणव के बिना कैसे जिऊँगी?...

''देखो, देखो...'' ईडी मातृत्व भाव से उसका कन्धा थपथपा रही है। फिर वह तौलिये से उसका मुँह पोंछती है, ''हमें बड़ा बनना चाहिए, हमें अपने पर काबू करना चाहिए...'' उसकी आँखों में करुणा है, ममत्व है।

''नहा लीजिए, कपड़े बदल लीजिए—आप अच्छा महसूस करेंगी। दोपहर तक डॉक्टर आएँगे तो आपको घर जाने की इजाजत मिल जाएगी।'' निकट झुकी हुई ईडी से बच्चों जैसी महक आती है, बेबी पाउडर की...

नहा-धोकर अनु ने अस्पताली गाउन पहन लिया है। गाउन बहुत बड़ा है, उसमें वह समा-सी गई है।

ईडी उसके बाल सुलझाकर दो चोटियाँ गूँथती है। अनु एक बार फिर जड़ हो गई है। वह आपत्ति नहीं करती। ईडी के पटु हाथों में अपने को छोड़ देती है।

यह पागलखाना है। बिजली के बटन से चालित एक अदृश्य कठघरा है, जिसमें वह सब कैद हैं। एक काँच के बूथ में तीन-चार नर्सें बैठी रहती हैं और बहुत सहज भाव से बड़े लाउंज में एकत्रित लोगों को ताकती रहती हैं। उस पार्टीशन के पीछे ईडी भी है। तीन-चार दिन के असहयोग के बाद बहला-फुसलाकर अनु को कमरे से बाहर लाने का श्रेय उसी को है। अनु ने अपने को ईडी की इच्छा पर छोड़ दिया है। आज्ञाकारी भाव से सब कुछ मान लेती है। अब वह खिड़की के पास बैठी, सबसे अलग, किसी से न बोलती हुई। उसे भी सबने अलग छोड़ दिया है। वह अपनी जगह बैठी-बैठी सहभोक्ताओं को देखती है– बावले, सिरफिरे, शक्की, सनकी, पियक्कड़, आत्महंता और परित्यक्त। वह अकेली नहीं है, वह घिरी हुई है युवा, प्रौढ़, बूढ़े लोगों से, जो कि दुनिया की भाषा में पागल हैं और जिन्हें यहाँ एकत्र कर दिया गया है। उन पर कोई हँसता नहीं, पत्थर नहीं फेंकता, बल्कि एक बहुत सन्तुलित, समझ और सहानुभूति का व्यवहार किया जाता है। क्या मैं पागल हो गई हूँ? अनु कभी-कभी अपने से पूछती है। उसे बचपन में देखी पगली याद आती है, जोकि खुलेआम सड़कों पर नंगी घूमा करती थी, यदा-कदा गर्भवती भी नजर आती थी। लड़के और दुकानदार हमेशा उसे खिजाया करते थे। स्कूल आते-जाते जब लड़कियों की नजर उस पर पड़ जाती तो वे शर्म से आँखें झुका लेतीं और खिस्स-खिस्स हँसने लगतीं और वह रुकमन ठकुरानी, जिनका सारा दिन आँगन में नल के नीचे नहाते बीतता था, सुबह से जो अपना शरीर रगड़ना शुरू करतीं, रात तक रगड़ती रहतीं। बीच-बीच में उठतीं, कपड़े बदलतीं, बाल सँवारतीं, पर दस मिनट में फिर वह खुले नल के नीचे बैठी दिखाई देतीं। उन्हें सनक है, यह सर्वविदित था, पर अनु स्वयं? पागल? सिर पटकने से कोई पागल करार दे दिया जाता है!

"कोई संबंधी? भाई, बहन?" ईडी पूछती है।

"कोई नहीं।" उसने कहा।

"पति, बच्चे?"

"नहीं।"

"कोई पड़ोसी, कोई मित्र?"

अनु के सामने विभिन्न चेहरे दौड़ जाते हैं—कीरत और धनराज, रानी और राजकिशोर, विभा और शाहा, नीरजा और आलोक।...

वह नकारात्मक सिर हिलाती है। अपदस्थ रानी को अब प्रजा से क्या लेना!

"तुम्हें अब कुछ दिन में घर जाने को मिलेगा।" ईडी ने कहा।

"ओके।" अनु ने कहा।

"कैसा घर है तुम्हारा? कहाँ पर है?"

शहर के पश्चिम में नए घर की बस्ती है। उसमें नौ लाख रुपए के घर में उसे प्रतिष्ठित किया गया था। हल्के-पीले रंग की नई मर्सेडीज कभी दरवाजे पर बँधे हाथी की तरह ड्राइव-वे में खड़ी रहती थी। पल्ला झुलाती हुई, जड़ाऊ झुमकों में जगमगाती, बड़ी-सी बिन्दी भौंहों के बीच टिकाए अनु पहली बार आकर बैठी थी तो प्रणव ने फिल्मी अदा में सीने पर हाथ रखकर कहा था, 'हा...ए!'

अनु ने आँखें तरेरी थीं, 'शरम नहीं आती! करते हैं डॉक्टरी—बनते हैं एक्टर...' और खिलखिलाकर हँस पड़ी थी।

घर? वह घर? प्रणव ने पहले पसन्द कर लिया था, एकदम नया, साफ-सुथरा झकाझक। साठ-सत्तर लोगों की पार्टी भी भीड़ नहीं लगती थी। एकदम नई रसोई, दराजें-ही-दराजें, अलमारियाँ-ही-अलमारियाँ, इधर से रखो, उधर से निकाल लो। कोई चीज ढूँढ़नी हो, खोलनी नहीं पड़ती थी। इतनी जगह। इतनी सारी चीजें। हर चीज की अपनी जगह। सोने के कमरे में बन्द अलमारियाँ। हैंगरों पर लटकते कपड़े, जाड़े, गर्मी के फर्क-फर्क के कपड़े। साड़ियाँ—सूती, रेशमी—किसी चीज का कोई शुमार नहीं था।

अनु ने लम्बी साँस दबा ली। वह ईडी की ओर बिना कुछ कहे मूक देखती रही। ईडी अपनी यूनीफार्म ठीक करती हुई बोली, "तुम्हारे अपने देश के मित्र तो होंगे।"

नहीं, वह किसी को दोस्त नहीं कहेगी। जाने दो उन सब लोगों को, जिनके लिए आठ-आठ मुर्गियाँ कटाई जाती थीं, कड़ाह भरकर खीर बनती थी, जिन्हें काले लेवल की जॉनी वाकर से छोटी चीज कभी नहीं पिलाई गई। अब सिर्फ वह है, अकेली। दिन-भर लाउंज में दूसरे सिरफिरों के बीच बैठी रहती है। सुबह-शाम डॉक्टर बात करने की कोशिश करते हैं। जानना चाहते हैं कि उसके भीतर क्या हो रहा है। अनु कैसे बताए कि वह अन्दर-अन्दर गल रही है,

तिल-तिल मर रही है, एक असाध्य बीमारी के रोगी की तरह। जब डॉक्टर ने कहा, ''तुम अभी कितनी छोटी हो! तुम्हें मालूम है, तुम्हारी जिन्दगी खत्म नहीं हुई, तुम किसी दूसरे के साथ...'' तो अनु ठठाकर हँस पड़ी और डॉक्टर उसे ताज्जुब से देखता रह गया। डॉक्टर नहीं जानता था, उसका यथार्थ, बड़ी लल्ली की पुत्रवधू होने का यथार्थ, भरी हुई ननिहाल में एक आश्रित के रूप में पलकर बड़ी होने का यथार्थ।

''तुम अपने को क्यों कष्ट देती हो?'' ईडी ने कहा, ''आदमी जो कर सकता है, वह हम औरतें भी कर सकती हैं। अगर आदमी इधर-उधर मजा करे तो हम क्यों न करें? फिर तुम इतनी सुन्दर हो!''

अनु बाल खोलकर मुँह पर छितरा लेती है, ''लो, अब किसी को नहीं दिखेगा मेरा चेहरा, मेरी सुन्दरता।''

ईडी उसकी बाँह पकड़कर उठाती है, ''अब तुम्हें आराम करना चाहिए।''

अनु सास और ननदों की याद मात्र से थरथरा उठती है। अगर उसे सचमुच देश जाना पड़ गया तो? कैसे वह ससुरालवालों को मुँह दिखाएगी? कैसे वह ननिहाल की देहरी पर जाकर खड़ी होगी? क्या वह हमेशा पागलखाने में नहीं रह सकती? उसे ऐसे दिनों की आदत पड़ती जा रही है, न कोई झिकझिक, न कोई जिम्मेदारी। सुबह-शाम दवा निगल लो और बैठे-बैठे बाहर घूरते रहो।

डॉक्टर गुडमैन दिन में एक बार रोज आते हैं। उस दिन कुर्सी खींचकर बैठ गए और कहने लगे, ''तुम्हारा पति आया हुआ है। मिलना चाहोगी?''

''नहीं।'' अनु बोली नहीं, सिर्फ सिर हिलाया।

''हम तुम्हें अनिश्चित अवधि के लिए यहाँ नहीं रख सकते। तुम्हारी प्रगति ठीक चल रही है। उम्मीद है कि तुम फिर वह तोड़-फोड़ नहीं करोगी।''

वह चुप रहती है।

''तुम्हारे पति से मैंने विस्तार से बातें की हैं। वह अलग रहना चाहता है।''

अनु दाँतों से निचला होंठ कुचलने लगती है।

''मैं चाहता था कि तुम दोनों आमने-सामने बात कर लो।''

''वह कहता है कि उसके लिए यह मैरिज बहुत पहले मर चुकी है, केवल एक वैधानिक बंधन बचा है। जो आदमी तुम्हें पत्नी रूप में नहीं चाहता, उसे जकड़े रहने से फायदा क्या? बहरहाल यह मेरी राय है। तुम सोचो।''

"पेड़-पौधे मरते हैं, जीव-जन्तु भी, आदमी-औरतें भी, कहीं मैरिज भी मरा करती है, खासतौर से हिन्दुस्तानी मैरिज?"

"क्या हिन्दुस्तान में तलाक नहीं होते? क्या वहाँ आदमी-औरतों के शादी के बाहर प्रेम-सम्बन्ध नहीं होते? क्या वहाँ अवैध बच्चे पैदा नहीं होते? आदमी का स्वभाव वही रहता है, चाहे पूरब हो या पश्चिम।"

डॉक्टर गुडमैन के भाषण से वह चिड़चिड़ा उठती है, "आप समझ नहीं सकते...फिर, मुझे प्यार है, बहुत प्यार।"

"वह प्यार कैसा है? स्वार्थी, बिना आत्माभिमान के? जो ठुकराए, उसी के पैर पकड़ती रहो? यही सिखाती है तुम्हारी सभ्यता? मैं मानने को तैयार नहीं हूँ।"

"हमारी सोसायटी औरतों को यही सिखाती है।"

"पर तुम उस सोसायटी में नहीं रह रही हो, पश्चिम में हो, यहाँ तुम स्वतन्त्र, आत्मनिर्भर, मुक्त होकर रह सकती हो! मैं तुम्हारे डिवोशन को नकार नहीं रहा हूँ, मगर..."

कुर्सी खींचने की आवाज आती है। डॉक्टर गुडमैन उठे होंगे, "तुम आराम करो। मैं उससे कह दूँगा कि तुम मिलना नहीं चाहतीं।"

कैसी प्रवंचना है! एक बार फिर भाग्य ने उसके साथ खिलवाड़ किया है। आँसुओं की बाढ़, अपना पूर्ण समर्पण कितना बेबस, कितना निरर्थक हो गया है! अनु के पास सिर्फ यादें बची हैं। उन्हीं को उकेर-उकेरकर अपने को दंश देती रहेगी।

"आपसे कोई मिलने आया है।"

अनु उठकर बिस्तर पर बैठ जाती है। शाम का समय है। कमरे में हल्का नीला अँधेरा है। विजिटर को वह बिना किसी उद्वेग, आवेग के देखती रहती है, मन-ही-मन पीती हुई। वह प्रणव होकर भी एकदम बदला सा लगता है। वही चेहरा-मोहरा, पर बदले हुए तेवर।

वह कुर्सी खींचकर बैठ जाता है। अनु वैसे ही बैठी रहती है, अस्पताल का नीली छींट का गाउन पहने। कन्धों पर पड़ी दो चोटियाँ। वह अपने हाथों को देख रही है, उसकी बाँहें नंगी हैं, काँच की चूड़ियाँ पहनने की आज्ञा नहीं है। तोड़कर काँच से नसें काट लेने की आशंका से।

"अब कैसी हो?" प्रणव ने पूछा।

"ठीक हूँ।"

सन्नाटा।

"अच्छी तरह रहीं?"

"जी।"

"कुछ याद है, क्या हुआ? सारा घर तहस-नहस हो गया है। टूटे हुए लैम्प, टेढ़ी-तिरछी कुर्सियाँ, रसोईघर में काँच ही काँच, फ्रिज खुला हुआ, यहाँ से वहाँ तक खाना ही खाना..."

"मुझे याद नहीं।"

"ऐसा दौरा कभी पहले भी पड़ा था?"

अनु ने विद्रूप से कहा, "मैं तो जन्म की ही पागल हूँ। पाँच साल मेरे साथ रहकर आपको पता नहीं चला?"

प्रणव स्थिर है। बहुत देर तक दोनों चुप रहते हैं। फिर अनु पूछती है, "मेरा क्या करेंगे?"

"क्यों, करना क्या है?"

"साथ ले चलेंगे?"

प्रणव ने लम्बी साँस लेकर कहा, "अनु, तुम समझने की कोशिश क्यों नहीं करती, हमारे सम्बन्ध खत्म हो गए हैं। मैंने अपना रास्ता चुन लिया है, मैं चाहता हूँ कि तुम भी अपनी जिन्दगी अपने आप गढ़ो। अपने-आप खेओ।"

"सम्बन्धों का मरना-जीना आपने पहले क्यों नहीं सोचा? मैं गई थी आपके पैरों पड़ने कि मुझसे शादी करो? आपने ही मुझे..." सूखी हिचकी अनु को झकझोर गई, "मुझे टहनी पर से चुन लिया, अब कहते हो कि सम्बन्ध खत्म हो गया!"

"वह सब बातें दुहराने से कोई फायदा नहीं है अनु, हमारा-तुम्हारा साथ रहना असम्भव है। मैं फ्री होना चाहता हूँ।"

अनु ने गिड़गिड़ाकर कहा, "मैं कुछ नहीं माँगूँगी। सच, मैं बिलकुल दिक्कत दिए बिना रह लूँगी। मोटर, बँगला, मुझे कुछ नहीं चाहिए। जो आप देंगे, वह सिर-माथे पर। बस, आप मुझे अपने साथ रख लें, मुझे अलग न करें। कितने लोग यों ही निभाते आए हैं, मैं पैरों पड़ती हूँ..."

"मैंने कहा न, कि सम्भव नहीं है।"

"क्यों?"

"क्योंकि..."

"क्योंकि क्या? मैं आपकी पत्नी नहीं हूँ? जिन्दगी-भर निभाने का वचन नहीं दिया था?"

"अनु, मुझे मजबूर मत करो। तुम सबकुछ ले लो, घर का सारा सामान ले लो। तुम देश लौट जाओ। मैं हजार रुपए महीने तुम्हें भेजता रहूँगा।"

"मुझे अपने से अलग मत कीजिए।"

"फिर बच्चों की-सी बातें करने लगीं।"

अनु ने सहसा कड़े होकर पूछा, "वो औरत कौन है?"

"कौन औरत?"

"जिसके पीछे मुझे यों दूध से मक्खी की तरह निकालकर फेंक रहे हैं?"

"कोई भी नहीं है औरत," फिर प्रणव ने खुद ही कहा, "वह चन्द्रिका है।"

"चन्द्रिका? वह कुबड़ी, बदसूरत चन्द्रिका! उसके लिए...उसके पीछे..."

"अनुका!" प्रणव की आवाज में चेतावनी थी।

"उस बदसूरत, बदचलन औरत के पीछे? जोकि हिन्दुस्तान में हर किसी पर आशिक हो जाती थी, जिसके लिए सभी आदमी एक बराबर..."

"मैं जा रहा हूँ अनु।" प्रणव उठकर खड़ा हो गया।

अनु पलँग से उठ बैठी और फुफकारती हुई प्रणव पर जा गिरी। उसकी बँधी मुट्ठियाँ प्रणव के चेहरे, कन्धों और सीने पर गोली की तरह टकराकर बरसने लगीं। प्रणव ने अपने को बचाया नहीं, झेलता रहा।

"तुम? तुम खुद बदचलन हो, गुंडे हो, आवारा हो...तभी तो रंडियों से फँसे हुए हो..." अनु के मुँह से शब्द नहीं निकल पा रहे थे, "थूऽऽ तुम पर..."

प्रणव ने तब उसके दोनों हाथ पकड़ लिए।

"तुम सचमुच पागल हो।"

अनु ने उसकी बाँह में दाँत गड़ा दिए। प्रणव का एक सख्त चाँटा उसके गाल पर पड़ा। अब वह झिंझोड़कर वापस पलँग कर फेंक दी गई। प्रणव की कमीज का कपड़ा अभी उसके दाँतों में था।

अगर वह चीखी-चिल्लाई होगी तो उसे याद नहीं।

अगले दिनों वह अपने आपसे बुदबुदाती रही, 'तुम सचमुच पागल हो, पाऽऽगल। सचमुच पागल।'

कितना चैन है। कितना अच्छा है पागल हो जाना। कोई जिम्मेदारी नहीं, कुछ भी करो—चीखो, चिल्लाओ, रोओ, गाओ—कोई जिम्मेदारी नहीं। कपड़े फाड़कर फेंक दो, आसपास की सारी दुनिया तहस-नहस कर दो, कोई मार-पिटाई नहीं, कोई सजा नहीं, अकेले कमरे में बन्द होने के सिवा। बदन पर नील नहीं, चेहरे पर चोटों के दाग नहीं। बस पागल। तभी तो बाजारवाली पगली हँसती रहती थी, लड़के छेड़ते थे, दुकानदार दुरदुराते थे, पगली खी-खी करती रहती थी।

मैं पागल हूँ, अनु के मन में पूरा चित्र कौंध जाता है और वह आत्मग्लानि से बिस्तर में सिकुड़ जाती है—मैंने प्रणव को मारा-पीटा...मैंने थूका...वह गेंडुली की तरह अपने को सिकोड़ लेती है।

यह मौका मारपीट का था? यह तो नरम पड़ने, उदार होने, सहिष्णु होने का था! प्रणव को क्षमा करने का था, न कि यह सब करने का...

मैं सचमुच पागल हूँ।

ईडी दिखाई नहीं देती। यह कमरा भी दूसरा है। छोटी-सी बन्द कोठरी। इसमें तहस-नहस करने वाली कोई चीज नहीं है। सँकरे पलँग के चारों पाए जमीन में ठुके हुए हैं। मेज है, पर उस पर कुछ रखा नहीं है। दीवारों पर भारी परतें हैं, जैसे रजाइयाँ मढ़ दी गई हैं। कितना भी सिर पटको, चोट नहीं लगेगी। अनु के हाथ-पाँव बँधे नहीं हैं, वह मुक्त है।

"तुम पागल नहीं हो," डॉक्टर कहता है, "आकस्मिक सदमे से थोड़ा-सा झटका खा गई हो।"

मगर अब अनु पागल होना चाहती है, जिससे कि दिमाग में प्रणव की बेवफाइयों के साँप हर वक्त डसते न रहें।

डॉक्टर के पास हर चीज का जवाब है। अनु को जिन्दगी के सवालों का जबानी जवाब नहीं चाहिए। उसे क्या चाहिए, वह खुद नहीं जानती। वह असली पगलों को ईर्ष्या से देखती है। उन्हें कोई होशो-हवास नहीं, एक अपनी अन्दरूनी दुनिया में डूबे रहते हैं। उन्हें दुनिया की परवाह नहीं, अपने आपसे बातें करते हैं, कभी हँसने लगते हैं, कभी डर से चिल्ला उठते हैं। तब नर्सें आकर उन्हें कमरों में ले जाती हैं। मीठी-मीठी बातें करके या शान्त करने की गोली देकर सुला देती है, पर अनु को आगे-पीछे हरेक चीज की सुध है। प्रणव की बेवफाइयाँ मन से जाती ही नहीं, साथ ही, विष की तरह उसके शरीर में भिदती रहती हैं।

कभी प्यार, कभी गुस्सा, कभी आत्मभर्त्सना, कभी ग्लानि, कभी आँसू,

कभी उम्मीद, अनु का मन ऊपर से नीचे होता रहता है। उसका यह रोना अलग तरह का रोना है। एक बहुत-बहुत गहरे स्तर पर एक मूक विलाप, जो अजपा जाप की तरह निरंतर चलता रहता है। पलकें भारी हैं, आँखें कड़ुआईं, जैसे रेत का एक पूरा बवंडर उनमें समा गया है!

प्रणव एक साधारण-सा व्यक्ति है। बाजार के चेहरों में एक चेहरा, कुछ उसमें अलग नहीं है। साधारण कद-काठी, साधारण रूप-रंग, बस विलायती डॉक्टरों की डिगरी अलग है। डिगरी का मतलब है पैसा, पैसों का मतलब है ताकत। पसन्द आ जाने पर किसी लड़की को शाख से तोड़कर हाथ में ले लेने की शक्ति। पुरुष की इस शक्ति के आगे अनु बेबस है।

क्या उसे सचमुच प्यार है? रूमानी प्यार, अनजाने आँख लगने, दिल मिलनेवाला प्यार? या डॉक्टर की बीवी होने के रुतबे की अहंतुष्टि? आर्थिक निर्भरता? या अपने यों अकारण छोड़ दिए जाने की तिलमिलाहट? या अपने मन में अपने बारे में गढ़ी मूर्ति के खंड-खंड किए जाने का उन्माद, क्रोध? सबकुछ मन में इतना गड्ड-मड्ड हो गया है, उलझी हुई ऊन की तरह, कि सुलझाना मुश्किल है और अलग-अलग करके व्याख्या करने से फायदा भी क्या? हर विचार, हर चीज सिर्फ इसी बिन्दु पर आकर ठहर जाती है कि प्रणव ने अपने को उससे अलग कर लिया है।

अनु बुनाई उधेड़ने लगी, उसके हाथ वश में नहीं थे। उसका मन उड़ा जा रहा था। प्रणव की बाँह पर सिर रखकर लगा था कि अब जिन्दगी के थपेड़ों से विश्राम मिल गया। पिता की असफलताएँ, अम्मा की पराजय, ननिहाल में उतरन पहनकर बड़े होने की ग्लानि, सबकुछ घुल रहा है। अब वह प्रणव की पत्नी है, एक सफल डॉक्टर की पत्नी—रुतबा, इज्जत सबकुछ उसकी मुट्ठियों में बन्द है।

पैरों के नीचे उधड़ी हुई ऊन का ढेर लग गया है।

"यह क्यों किया?" टीचर की आवाज सख्त है।

"गलती हो गई थी।" अनु ने सहज स्वर में कहा।

टीचर सलाइयों पर नए फन्दे डालने लगी।

इतनी सारी उलझनें, इतने सारे परेशान खयाल, जो हर वक्त दिमाग में टकराया करते हैं, इतने सवाल। सोचा था कि जिन्दगी को एक स्थायी ठिकाना मिल गया है। अब फिर एक नया सवाल। जिन्दगी का क्या किया जाए? पागल होकर भी नहीं बिताई जा सकती। गोलियाँ निगलकर नींद भले आ जाए, मगर सपनों पर रोक कैसे लगाई जाए? अनु को लगा कि जिन्दगी

पर से पकड़ छूट गई है, उसकी हथेलियाँ खुली हैं और अब तक संचित सारा प्यार, सारा सुहाग झर गया है। उसे ताज्जुब होता है कि उसके बाहर सबकुछ वैसे ही एकरस चलता रहता है। सुबह का नाश्ता, लाउंज में सारे लोगों का साथ, नहाना-धोना, साढ़े ग्यारह बजे औक्युपेशनल थैरेपी, बारह बजे लंच, दोपहर में आराम, फिर लम्बी धुन्ध में डूबी शाम, टेलीविजन पर चलती-फिरती तस्वीरें, रात को नींद की गोली।

घिरते हुए अँधेरे के साथ बेचैनी बढ़ने लगती है, सिर्फ उसी की नहीं। जैसे एक और अकेली रात का सामना करने के खयाल से ही दिल डूबने लगता है, लोग कमरों में जाने के बजाय लाउंज में मेजों के इर्द-गिर्द मँडराने लगते हैं। नर्सें आकर ज्यादातर लोगों को लिवा ले जाती हैं, बच रहते हैं चन्द लोग। अनु दूर, अलग-थलग बैठी रहती है। सुनती है। देखती है। बूढ़ी मार्था गलियारे में अपने मरे हुए बच्चों की रूहों को तितलियों की तरह पकड़ती है। रीना को बिजली के झटके दिए जा रहे हैं। हर ट्रीटमेंट के बाद सिर में भयंकर दर्द होता है। डगलस को हड्डियों का कैंसर है और मौत का सामना करने में वह अपने को असमर्थ पा रहा है। हर शाम डगलस की छरहरी बीवी दोनों बेटियों को लेकर उससे मिलने आती है। आपस में बात बिलकुल नहीं होती। डगलस बैठा-बैठा सिगरेट पीता है, उसकी बीवी बाल सँवारकर, लिपस्टिक लगाकर आती है, बैठी-बैठी डगलस को आँखों से इंच-इंच पीती रहती है। अनु समझती है कि डगलस की बीवी को अन्दर कैसा लगता होगा। शायद वैसा ही खोखलापन, वैसी ही निर्दोष असहायता, अपने पंगु होने की अनुभूति और हर वक्त टिक-टिक करता हुआ बेबसी का एहसास, जिसकी कोई दवा नहीं, जिसका कोई इलाज नहीं।

फिर हर चीज शुरू से। अपने और प्रणव के सम्बन्धों की नए सिरे से फिल्म। नए सिरे से वही-वही उधेड़बुन। वही बिना जवाब वाले सवाल। यह सब कैसे हो गया? धीरे-धीरे अट्टालिका ढहती रही और उसे पता भी नहीं लगा। अपने पत्नीत्व के रोल को बखूबी निभाती रही, फिर एक दिन वह रोल किसी और को दे दिया गया।

अब?

बड़ी लल्ली के आगे जाकर हरगिज नहीं खड़ी होगी वह। ननदें जीने न देंगी। ननिहाल की देहरी कैसे लाँघेगी? हजार रुपए देकर क्या प्रणव अपनी अन्तरात्मा को शान्त कर देगा?

रात की गोली खाकर लेटने के बाद भी अनु के चित्त से एक क्षण भी

प्रणव का खयाल नहीं जाता, जैसे प्रणव के चले जाने के बाद उसे उससे और भी ज्यादा प्यार हो गया है।

फिर उसे हाथ-पैर भारी लगने लगते हैं, वह निंदासी हो आती है। डॉक्टरों के पास हर चीज की दवा है। अगर तनाव हो तो ढीला करने की दवा, अगर दुखी हो तो खुश करने की दवा। अनु चुपचाप सुनती है। उसे ऐसे निष्क्रिय, उदास, अकेले, अपने में डूबे-डूबे बहुत समय हो चला है। उसे नई दवा पर रखा जा रहा है, भूख लगेगी, नींद आएगी। दिल का दर्द, उसे तो समय ही पूरा करेगा।

अनु जब तक गोली नहीं खाती, नर्स खड़ी रहती है। बहुत दिन बाद ईडी इधर वाले विंग में आई है।

''तुम अच्छी दीख रही हो।''

''धन्यवाद।''

''सुना है, तुम कल घर जानेवाली हो, बधाई।''

उसके चेहरे को देखकर ईडी कहती है, ''तुम्हें डॉक्टर ने अभी नहीं बताया। मेरे सामने बात हो रही थी। डॉक्टर शाहा तुम्हें लेने आएँगे। इसी अस्पताल में हैं न। तुम सचमुच अच्छी दीख रही हो। तुम्हारा स्वेटर बुन गया? नहीं बुना?''

अनु ने सुनना बन्द कर दिया है।

वह नहा-धोकर तैयार हो गई है। अनु ने अस्पताल के कपड़े उतारकर साड़ी पहन ली है। बाल सँवार लिए हैं। वह एकदम संयत और स्वस्थ है, जैसे पागलपन का बिल्ला कभी पहना ही नहीं। शाहा आते हैं, उसकी तरफ सीधे देखते नहीं। अनु झटके से जान लेती है कि अपनी बीवी और प्रणव के बारे में उन्हें पता है।

वह दोनों बिना कुछ कहे लिफ्ट में दाखिल होते हैं। उसके हाथ में एक थैला है, जिसमें नर्स ने अनु का सामान पकड़ा दिया है।

नीचे लॉबी में पहुँचकर वह कहते हैं, ''आप यहाँ रुकें, गाड़ी उधर है। मैं अभी लेकर आता हूँ।''

अनु निश्चेष्ट खड़ी है। एक टैक्सी लॉबी के आगे आकर रुक गई है। जब यात्री पैसे देकर उतरते हैं, अनु बिना कुछ कहे टैक्सी में जाकर बैठ जाती है। उसके आदेश पर टैक्सी बस अड्डे चल देती है। अनु के पर्स में काम लायक पैसे हैं। उसने गिने नहीं हैं, पर डॉक्टर शाहा जब उसके सामान की रसीद पर दस्तखत कर रहे थे, तब अनु की उड़ती नजर अपने पर्स के सामान

की लिस्ट पर पड़ गई थी। छप्पन डॉलर थे। टैक्सी को पैसे देकर वह टिकट की लाइन में खड़ी हो जाती है। वह एकदम शान्त है। कोई हड़बड़ी नहीं है। डॉक्टर शाहा अब भी शायद लॉबी के आगे गाड़ी में बैठे-बैठे उसका इन्तजार कर रहे होंगे।

टिकट उन्नीस डॉलर का आता है। बस छूटने में देर है। यह समय वह लेडीज बाथरूम में बिताती है। बाथरूम से लगा हुआ एक सँकरा-सा कमरा है, जिसमें एक पलँग पड़ा है। बिना चादर का गद्दा। अनु का मन घिनाता है, पर वह गद्दे पर बैठ जाती है और दीवार से टिककर आँखें बन्द कर लेती है। एक बार उसका मन होता है कि यह टिकट बदलकर प्रणव के शहर का टिकट ले ले, पर वह उठती नहीं। हिलती-डुलती तक नहीं। समय आने पर वह बस में जाकर बैठ जाती है और जब बस चल देती है तो वह एक बार भी मुड़कर नहीं देखती। बस के शीशे स्याह रंग के हैं, बाहर का सबकुछ धुँधला-धुँधला दिखता है। अनु उसी को आँखें गड़ाए देखती रहती है। उसकी आँखें सूखी हैं।

अनु को सन्देह था कि दिव्या बदल गई होगी। मालूम नहीं, छह सालों में कितना परिवर्तन आया होगा। लगा कि वह अन्दर से शायद नहीं बदली। पुरानी फटीचर गाड़ी से उतरकर उसने अनु को गले से लगा लिया, "जब तुम्हारा फोन मिला तो विश्वास नहीं हुआ।"

अनु ने उत्तर में मुस्कुराना चाहा, मगर उसके होंठ खिंचकर रह गए।

"सामान?"

हाथ का थैला दिखाकर अनु ने कहा, "यह तो है।"

तब भी दिव्या ने कोई आश्चर्य नहीं दिखाया, जैसे कि यह आम बात हो कि बार-बार साग्रह बुलाने पर भी जो सखी बरसों से नहीं आ पाई, आज बिना सूचना के, सिर्फ एक थैला पकड़े बस से उतर पड़ी है।

"यह छोटा-सा शहर है," दिव्या गाड़ी चलाते हुए कहती है, "मगर है अन्तर्राष्ट्रीय वातावरण। बड़ी यूनिवर्सिटी है। दूर-दूर से लोग आते हैं। हम सब हिन्दुस्तानी-पाकिस्तानी मिल-जुलकर रहते हैं। जयन्त पाकिस्तानी रेस्तराँ में काम करते हैं। मैं भी वहीं वेट्रेस हूँ।"

अगर दिव्या का इरादा झटका देने का था तो वह सफल हुई, "मगर तुम तो पी-एच.डी. ...?"

"वह भी साथ-साथ चल रहा है। दिन में क्लास में जाती हूँ। शाम को काम करती हूँ। रात को साथ-साथ लौटते हैं।"

बाकी रास्ते वह अनु को जगहें दिखाती आई, "यह बुकनुक है, यहाँ से लाइब्रेरी शुरू होती है...यह हमारा बाजार है।"

यूनिवर्सिटी के विवाहित विद्यार्थियों के फ्लैट में वह रहते हैं। एक बैठक, एक कमरा।

"सोफे पर सोने में तकलीफ तो नहीं होगी?" दिव्या उसके आगे चाय रखती हुई पूछती है।

"नहीं।"

फिर दोनों चुप हैं। अनु खिड़की से बाहर देख रही है। एक बस आकर रुकती है, कुछ लोग उतरते हैं। फिर सड़क पर सन्नाटा छा जाता है।

"इतनी चुप क्यों हो, अनु?"

लगा कि दिव्या को सबकुछ मालूम है, मगर कहने की यन्त्रणा अनु को सहनी होगी।

"सुनो..." उसने कहना शुरू किया और रुक गई।

दिव्या एकदम निश्चल बैठी है। अनु ने अनजान में सूखते होंठों पर जीभ फेरी। वह बिना बताए, अचानक दिव्या के दरवाजे पर आ खड़ी हुई। कम-से-कम कुछ कारण देने की जिम्मेदारी तो उस पर है ही। अनु के सीने में एक बगूला-सा उठता है और वह कहती है, "सुनो दिव्या, तुमसे क्या छिपाना! प्रणव ने... प्रणव ने मुझे छोड़ दिया है।"

"हरामी कहीं का!" दिव्या के मुँह से अनायास निकल गई गाली ने अनु को चौंका दिया।

"मुझे क्षमा करो, अनु!" दिव्या गुस्से से लाल हो गई थी। अनु ने तटस्थ आँखों से उसे देखा, फिर दिव्या ने अपने को सँभालकर पूछा, "क्या बात थी?"

"बहुत कुछ थी, और कुछ भी नहीं। मैं तो अपने पत्नीत्व में डूबी थी, पर शायद प्रणव का एक ही स्त्री से काम नहीं चलता। शायद मैंने कभी प्रणव को समझा ही नहीं, जाना ही नहीं। कभी यह नहीं सोचा कि दाल-सब्जी और शरीर से परे भी कोई और चाह होती है। प्रणव की वह मानसिक प्यास मैं शायद नहीं बुझा सकी। मैं सहचरी, जीवनसंगिनी थी, मगर सोलमेट नहीं। मुझमें दोष ही दोष दीखने लगे।"

"यानी कि प्रणव ने अब अपनी सोलमेट पा ली है?"

"वह कहते हैं कि वह उनकी जिन्दगी-भर की तलाश है। उसे छोड़ना उनके लिए सम्भव नहीं।"

"हूँ।" दिव्या ने कहा।

"मुझसे हरदम कहा करते थे, तुम कभी निर्णय नहीं लेतीं, मैं कब तक तुम्हारी उँगली पकड़कर चलाऊँगा? मैं महादेव नहीं, जो सती की लाश लादे घूमता रहूँ। तुम्हारे यह मित्र कितने बोर हैं अनु, हर शनिवार स्कॉच पी ली, शामी कबाब खा लिए, औरतों ने परनिन्दा करके गैरहाजिर लोगों के चिथड़े उड़ा दिए, घर आकर नशे में आदत की तरह बीवी को प्यार कर लिया और खर्राटे भरने लगे। जिन्दगी में कुछ और भी है अनु, बहुत कुछ है। मैं यही लकीर पीटते हुए बाकी जिन्दगी नहीं बिताना चाहता हूँ। मैं कुछ और चाहता हूँ। मैं समझती थी कि पति-प्रेम एक ऐसी जादू की बूटी है, जिससे सारी आधियाँ-व्याधियाँ दूर हो जाती हैं। अगर मैं मनसा-वाचा-कर्मणा समर्पित रहूँगी तो सबकुछ ठीक हो जाएगा। मेरा प्रेम उन्हें जीत लेगा।"

दिव्या ने व्यंग्य से कहा, "हाँ...जैसे सावित्री ने यम को जीत लिया था।"

"तो वह झूठ था। झूठ था न दिवी? सारे व्रत, त्योहार, जप-तप, कथा-कहानियाँ, सब झूठ थीं न। झूठ हैं। मेरा सारा डिवोशन, प्रणव के चरणों पर निछावर हो जाना, सब कुछ झूठा पड़ गया।"

दोनों के बीच लम्बा सन्नाटा रहा।

"दिव्या, मेरी तो कुछ समझ में नहीं आता...क्या करूँ, कहाँ जाऊँ?"

"अच्छा," दिव्या ने निर्णय-सा लेते हुए कहा, "अब तुम कुछ दिन आराम से यहाँ रहो। किसी बात की चिन्ता करने की जरूरत नहीं है। थिंग्ज विल वर्क आउट...वन वे आर अनोदर।"

यह मुहावरा अनु ने बहुत बार सुना है, कोई-न-कोई उपाय जरूर निकल आएगा। अनु तो बस एक उपाय चाहती है। बस एक सिनेरियो उसके आगे घूमता रहता है, सबकुछ ठीक हो जाए। प्रणव आकर उसे कलेजे से लगा ले और कहे, 'मेरी स्वीटहार्ट!' एक मूक अशब्द प्रार्थना उसके दिल से निकलती है और शून्य में खो जाती है।

शुरू-शुरू में अनु को बड़ा अटपटा-सा लगा। दिव्या और जयनत के पास पैसा नहीं है और वह आकर लद गई है। पर दिव्या के व्यवहार में एक ऐसा निश्छल स्नेह था कि उसे अपनी आस्वस्ति छिपानी पड़ी। दिव्या की रसोई में

दो-तीन अल्युमीनियम के भगौने थे, घिसे-पिटे, कालिख-लगे, वैसी ही प्लेटें, चारों चार तरह की। कॉफी के लिए मोटे-मोटे मग, कबाड़ी की दुकानवाला-सा फर्नीचर। अलमारियों में खाना रखने के डिब्बे तक न थे। जिन लिफाफों में बाजार से आता था, उन्हीं में सामान रखा रहता था। पूरा खाना उसी दिन बनता था, जिस दिन रेस्तराँ बन्द होता। जिस दिन दिव्या काम पर न जाती, उस दिन जयन्त रेस्तराँ के किचन से अनु के लिए खाना बाँध देता था। अनु खिड़की के पास बैठी-बैठी दिव्या की राह देखती रहती। घर में काम कुछ नहीं था। अगर गृहस्थी में कुछ न हो तो जिन्दगी कितनी आसान हो जाती है! रोज रात को अनु कपड़े धोकर डाल देती है, सुबह तक सूख जाते हैं। सुबह नहाकर वही पहन लेती है। वही साड़ी रोज-रोज, उसका अपना जी नहीं ऊबता, शायद दिव्या ही उकता गई होगी, मगर अब फर्क ही क्या पड़ता है!

उस पहले दिन के बाद दिव्या ने कुछ और नहीं पूछा। वह भी चुप रही। दिव्या और जयन्त देर तक सोते हैं, फिर नौ-साढ़े नौ बजे तैयार होकर जयन्त लाइब्रेरी चला जाता है, दिव्या क्लास के लिए, शाम को लौटती है। दिव्या आते ही पैर फैलाकर बैठ जाती है। जयन्त रात के काम के पहले एक झपकी लेने शयनकक्ष में चला जाता है।

"आज क्या किया?" दिव्या रोज पूछती है।

"कुछ नहीं," अनु जवाब देती है।

खिड़की के पास बैठे-बैठे बाहर देखती रहती है। बाहर पेड़ों का झुरमुट है, एक सड़क है, एक बस नियमित रूप से आती रहती है। हर बार लोग उतरते हैं, आदमी, औरतें, बच्चे और इधर-उधर जाकर लोप हो जाते हैं। तीसरे पहर माँएँ एक-एक, दो-दो करके बच्चों को घुमाने निकलती हैं। फिर दिव्या दिखाई देती है। पीठ पर नायलोन का बस्ता, नीली जींस, नेवी ब्लूकोट, अक्सर अनु पहचान नहीं पाती। दूर से वह इतनी अजनबी लगती है, कोई भी लड़की और कभी-कभी लगता है कि इस बार बस रुकेगी तो प्रणव उतरेगा। उसने जासूस लगाकर खोज लिया है कि उसकी बीवी यहीं है। वही अनु, जिसको उसने खट-से पसन्द कर लिया था और रानी बनाकर प्रतिष्ठित किया था। लम्बे-लम्बे कदम बढ़ाकर, वह उसके सामने आ खड़ा होगा और अधीर बाँहों से उसे खींचकर अपने कलेजे से लगा लेगा, लोग तालियाँ बजाएँगे। अनु की सारी साधना, तपस्या सफल हो जाएगी।

दिव्या पूछती है, "आज क्या किया?"

'कुछ नहीं' कहने के बजाय उसने कहा, "मैं कर ही क्या सकती हूँ?"

"बहुत कुछ कर सकती हो," दिव्या ने बस्ता नीचे डाल दिया, फिर बात बदलकर बोली, "आज चाट खाने का बहुत मन हो रहा है। मालूम नहीं क्यों–आज लखनउवा-सा मौसम हो रहा है। अनु, बहुत कुछ कर सकती हो, जैसे आज थोड़ी देर में लाइब्रेरी चल सकती हो मेरे साथ। मुझे कुछ किताबें लौटानी हैं, फिर उधर से वंदना के घर चलेंगे, उसके यहाँ पापड़ी और सोंठ हमेशा रहती है।"

मेरा दिल टूट रहा है और इसे सोंठ-पापड़ी की हुड़क आ रही है...अनु ने सोचा, मगर गुस्से से नहीं।

"मैं नहीं जाऊँगी।"

"क्यों?"

"ऐसे ही।"

"सुनो अनु, तुम कब तक अपने सारे अस्तित्व को प्रणव-नाम की खूँटी पर टाँगे रहोगी। उस शख़्स ने तो तुम्हारी खबर भी नहीं ली कि कहाँ हो, कैसी हो?"

"ढुँढ़वा रहे होंगे।"

"ढुँढ़वा रहे होंगे, माई फुट!" फिर बालों को पीछे करती हुई बोली, "खूबसूरत बच्ची! तू क्यों अपने को मिट्टी में मिला रही है? अगर उस शख़्स ने तेरी कद्र नहीं की तो रोने-बिसूरने की बजाय उसे जिन्दगी से जाने दे। बॉय-बॉय प्रणव कुमार!"

अनु ने कहा, "कोशिश तो कर रही हूँ। बहुत कोशिश कर रही हूँ कि अपने पर पकड़ ढीली हो जाए, हो नहीं पा रही है।"

"अच्छा, उठो, तैयार हो जाओ, आज बहुत काम करना है।"

दिव्या कितने लोगों को जानती है, कितने लोग मुस्कुराकर उसे हलो कहते हैं, यह एक शाम घर से निकलने पर ही अनु को पता लग गया। कॉलेज में दिव्या एक साँवली, गम्भीर लड़की थी, बड़े घराने की, मोटर में आती थी। बड़े-से बँगले में रहती थी, फूल, फुलवारी, गमलों, कुत्तों, नौकरों-चाकरों, भाई-बहनों के बीच। एम.ए. करते-करते उसकी शादी जयन्त से ठहर गई और वह साथ-साथ आगे पढ़ने इधर चले आए। अब दिव्या साँवली, दुबली, गठे बदन की युवती थी। उसका चेहरा-मोहरा नहीं बदला था, पर कुछ बदला जरूर था, जिस पर अनु उँगली नहीं रख पा रही थी। क्या था वह, सिर उठाकर चलने का एक भाव, जिसमें अपने पर बहुत विश्वास-सा लगता था। उसके चेहरे व आचरण का खुला-खुलापन, सहज मुस्कान और बिना इधर-उधर

किए बात कहने का सीधापन। सबकुछ मिलाकर दिव्या बदल गई थी, पर वह इतने साल बाहर रहकर भी नहीं बदली, वही दब्बू लड़की ही रही–शिफौन की साड़ियों, जड़ाऊ गहनों और प्रणव की मर्सेडीज के बावजूद। किताबें लौटाकर वे दोनों लाइब्रेरी के बाहर एक बेंच पर बैठ गईं। वे गर्मियों के आखिरी दिन थे। मगर ठंड अभी शुरू नहीं हुई थी। बाँहों पर अब भी धूप अच्छी लगती थी। लाइब्रेरी के पास बहुत बड़ी नकली झील थी जिस पर सेल बोटें तैर रही थीं। सीढ़ियों पर लड़के-लड़कियाँ पसरे बैठे थे और दूर से बैंड-बाजे की आवाज आ रही थी।

"क्या सोचने लगीं, अनु?"

अनु कहनेवाली थी–'कुछ नहीं'–पर रुक गई। किसी भी प्रश्न के जवाब में 'कुछ नहीं–नहीं तो' कहना जैसे बातचीत को ढक्कन लगा देता है।

"सोच रही थी कि मेरे आगे मालूम नहीं क्या है, आजकल तो जैसे त्रिशंकु की तरह लटकी हुई हूँ। मुझे न जाने क्यों विश्वास-सा होने लगा है कि प्रणव घूम-घामकर, भटककर मेरे पास ही लौट आएँगे।"

"भगवान करे, ऐसा ही हो अनु।" दिव्या ने बालों में उँगलियाँ फँसा लीं और बेंच से टिक गई।

"अक्सर हम जिन्दगी के ऐसे ठिकाने पर आ खड़े होते हैं कि मालूम नहीं होता, किस तरफ मुड़ें। इधर भी जा सकते हैं, उधर भी। हर हालत में तुम्हें अपने को थोड़ा-सा तो बदलना होगा। तुम्हें अपने को कुछ तो ढालना ही होगा। अपनी ज़िन्दगी यों गढ़नी होगी कि अगर प्रणव आ जाए तो वाह-वाह, न आए तो भी..."

"कैसे दिव्या?" अनु ने बहुत बेचारगी से पूछा।

"इसका जवाब तो तुम्हें खुद ही खोजना होगा।" उसने कहा। फिर कुछ देर दोनों के बीच सन्नाटा रहा, मगर एक सहज भाव से।

फिर दिव्या ने अकस्मात् कहा, "मैं अक्सर सोचने लगती हूँ कि मेरे साथ अगर ऐसा हो तो मैं क्या करूँ? अगर किसी दिन पता चले कि जयन्त किसी लड़की से अफेयर कर रहा है तो मैं क्या करूँगी?"

अनु ने प्रश्न-भरी आँखें दिव्या पर गड़ा दीं।

"अनु, तुम्हारी एकाग्रता, तुम्हारे प्यार की गहराई से मैं अन्दर तक प्रभावित हूँ,...मगर शायद मैं जयन्त के प्रति उतनी समर्पित न रह सकूँ, मैं तो गुस्से से फट पड़ूँ, शायद उसे गोली मार दूँ..."

"गुस्सा और समर्पण एक-दूसरे को काटते नहीं," अनु ने कहा, "मैं तो

गुस्से और प्यार के बीच में टँगी रहती हूँ।'' उसने अस्पताल की घटना दिव्या को नहीं बताई।

''पर कितना प्यार है, रूमानी प्यार, मजनू व लैला वाला प्यार और कितनी अपने अहम को चोट, कितनी आर्थिक निर्भरता—इन सब आपस में गुँथे सूत्रों को अलग करने पर ही अपना ठिकाना मिलेगा। तुम कभी नाव पर चढ़ी हो?''

''बहुत बार, क्यों?'' दिव्या की बात कहाँ से शुरू होती है, कहाँ खत्म होती है, अनु ने सोचा।

''नाव में एक कील होती है, एक सन्तुलन। मुहावरा है, सन्तुलित नाव। मगर हम जब तक एनालाइज न करें, तब तक कैसे पता चले कि नाव डगमगाने का कारण क्या है?'' दिव्या उठकर बैठ जाती है, ''अनु! मैं एक बात अपने में जानती हूँ, मेरा अहम चूर-चूर हो जाएगा, मुझे लगेगा कि मैं जैसे कुछ भी नहीं थी, जैसे मैं मुहावरेवाली पैर की जूती थी, इसलिए अपने को बचाने के लिए मुझे वही सब करना पड़ेगा, जैसे...तुम्हें यह अप्रिय तो नहीं लग रहा है?''

''नहीं, कहो दिव्या, तुम क्या करोगी?''

''मैं? चाहे मुझे अन्दर से कितना दुख पहुँचे, मैं कहूँगी, 'जाओ जयन्त, इफ आइ'म नॉट गुड एनफ फॉर यू, यू आर नॉट गुड एनफ फॉर मी।' और फिर मैं जयन्त को दिखा दूँगी कि मैं भी कुछ हूँ, कि मैं उन पर निर्भर नहीं हूँ। मैं अपनी जिन्दगी से हर मायने में जयन्त को निकाल फेंकूँगी—पर शायद कहना आसान है।''

''तुम पढ़ी-लिखी हो, स्वतन्त्र हो।'' अनु ने कहा, ''अपना निर्वाह कर सकती हो।''

''तुम बेपढ़ी हो? हाईस्कूल व इंटर में फर्स्ट डिवीजन मेरा आया था? मैरिट लिस्ट में मैं थी? तुम कब तक अपने को घटाती रहोगी? तुम्हें अवसर मिलता तो तुम भी डॉक्टर हो सकती थीं।''

''डॉक्टर विभा की तरह?'' अनु ने कहा।

''विभा की तरह, प्रणव की तरह। तुमने ड्रामा और फिल्म विभाग में डिग्री ली होती तो तुम भी चन्द्रिका की तरह फिल्म बना सकती थीं। अनु, तुममें किसी चीज की कमी नहीं है। माई गॉड, वुमन! अपने को देखो तो जरा!''

दिव्या के सुझाव पर अनु लिस्ट बनाती है :

1. मैं मन की अच्छी हूँ, 2. चेहरा? बुरा नहीं, 3. मैं खाना अच्छा पकाती

हूँ। मेरी रसमलाई और चमचम 'खैबर' की मिठाई से बढ़िया होती है, 4. मैं हाईस्कूल और इंटर में फर्स्ट आई थी, 5. मुझे सीना-पिरोना आता है।

और दिव्या को पकड़ा देती है। दिव्या आगे लिखती है–

6. मुझमें भावनाओं की गहराई और एकाग्रता है, 7. मैं अच्छी मित्र हूँ।

फिर उसे लिस्ट वापस देते हुए कहा, "प्रणव ने जो कहा, उसे वेद-वाक्य की तरह मत मानो। न उसे खंजर की तरह सीने में ही गड़ाए रखो।"

यह सब बातें करना दिव्या ने कहाँ से सीखा? अंग्रेजी साहित्य में पी-एच.डी. करने से ऐसी बात आ जाती है क्या? अनु मन में लौटती-पौटती रहती है।

'हाँ। मैं डॉक्टर हो सकती थी।' उसने अपने-आपसे कहा।

फिर दिव्या, जो काफी देर से चुप थी, बोली, "अब रात के खाने का क्या किया जाए? घर चलें या कहीं और?"

अनु चौंककर बोली, "तुम्हारी सोंठ-पापड़ी तो रह ही गई।"

"हाँ, अब तो देर हो गई। चलो, फिर कभी। अब आज तुम्हारा निर्णय है। घर चलकर खाना बनाएँ या कहीं और चलें?"

"चलो, मैं तुम्हें आज बनाकर खिलाऊँगी।" अनु ने अपने से चाबुक मारकर कहलवाया।

"फिर किसी दिन, चलो आज 'पांडिचेरी' चलें।"

'पांडिचेरी' रेस्तराँ का नाम है। रसोई में जयन्त को तन्दूर के आगे खड़ा देखकर अनु को अजीब-सा लगता है, पर जयन्त मुस्कुराता है। उसका परिचय एल्फ्रेड, दूसरे रसोइए से कराता है। रेस्तराँ में अभी भीड़ नहीं है। बड़ी-सी गोल मेज पर पाँच-छह भारतीय लड़के बैठकर बियर पी रहे हैं। वह अनु को घूरने लगते हैं।

"आज तुम्हारा बाहर निकलना सेलीब्रेट कर रहे हैं। रेस्तराँ महँगा है, साज-सज्जा भी महँगी है।"

"तो...! तुम यहीं काम करती हो।"

"यप्प। कभी-कभी तो यहाँ के खाने की गन्ध से उबकाई आने लगती है, पर खाना अच्छा है। नदीम भाई ने एल्फ्रेंड और जयन्त दोनों को 'ट्रेन' किया है। भले लोग हैं।"

असंबद्ध विचार कहीं पीछा नहीं छोड़ते, यथार्थ को अब ज्यादा ठेलना सम्भव

नहीं होगा। वह तो सामने खड़ा है, एकदम, ठीक सामने। शायद भारत लौट जाना ही ठीक होगा—हजार रुपए में लोग परिवार पालते हैं। रही कालिख, तो वह तो लग चुकी है। प्रणव से बिछुड़कर मान-अभिमान क्या रहा? उसे लगने लगा कि भागकर उसने गलती की। शायद प्रणव उससे और भी अधिक गुस्सा हो गया हो। पांडिचेरी रेस्तराँ, काँच की दीवार के पीछे तन्दूर झोंकता पी-एच.डी. का विद्यार्थी जयन्त, सामने बैठी जस्टिस चौधरी की वेट्रेस बेटी, इन सबसे अलग होकर अनु पता नहीं कहाँ-कहाँ उड़ती रही, एक अन्धी चिड़िया की तरह पंख फटफटाती रही।

अनु रात-भर टूटे सोफे पर इधर-से-उधर करवट बदलती रहती है। कभी-कभी उठकर बैठ जाती है। सिर पर हाथ रखकर सोच में पड़ जाती है।

दिव्या पानी पीने उठी होगी, "नींद नहीं आ रही है?"

"नहीं," उसे पास आकर बैठते देखकर उसने कहा, "तुम जाकर सो जाओ न, कल क्लास में भी जाना होगा।"

"मुझे तो नींद नहीं आ रही है।"

दोनों थोड़ी देर चुप बैठी रहीं। फिर अनु ने व्याकुल होकर कहा, "अच्छा, दिव्या, प्रणव को कोई समझाता क्यों नहीं? कोई जाकर समझदारी से बात करे तो शायद प्रणव लौट आए। मगर इंडिया होता तो क्या मामा लोग समझाते-बुझाते नहीं? जोर नहीं डालते? यहाँ तो कोई..." उसने दिव्या का हाथ पकड़ लिया।

"इंडिया की बात और है। वहाँ तो भाई-बन्द लाठी और पिस्तौल लेकर बात मनवाते हैं," दिव्या ने कहा, "पर ऐसी बातें क्या फोर्स से मनवाई जाती हैं? आखिरकार हरेक को अपनी जिन्दगी अपनी तरह जीने का अधिकार है। प्रणव को भी।"

अनु ने दिव्या पर आई खीज को काबू में करके कहा, "पर वह अकेले तो नहीं...मेरी जिम्मेदारी नहीं है? मेरे सुख-दुख का खयाल नहीं होना चाहिए?"

दिव्या ने बहुत धीरज से कहा, "तुम सो जाओ अनु, मैं प्रणव को फोन करूँगी। तुम्हारी तसल्ली के लिए यह भी सही।" उसके स्वर से लगा, जैसे वह बहुत थक गई है।

खिड़कियाँ। खिड़कियाँ बदल जाती हैं। बाहर का नजारा—सड़क, मकान, पेड़-पौधे बदल जाते हैं, अनु भी बदली होगी, पर उसे स्वयं नहीं मालूम कि

कहाँ, कब, कैसे क्या हुआ कि वह एक कमरेवाले फ्लैट की खिड़की से बाहर देख रही है–प्रतीक्षित, यह जानती हुई और साथ-साथ क्षीण आशा लिए कि जिस व्यक्ति की प्रतीक्षा है, वह लौटेगा नहीं। बीच-बीच में, अपने-आप, हृदय से एक आकुल मूक प्रार्थना निकल आती है, निःशब्द, पता नहीं किस भाषा में, किस देवता के लिए!

सड़क पर एक लाल मोटर रुकती है। मामूली कपड़े पहने हुए एक मोटा-सा आदमी उतरता है। सिर उठाकर वह घर का नम्बर देखता है।

अनु बिना हिले-डुले अपनी जगह बैठी रहती है, जमी हुई। दिल एकदम तेजी से धड़कने लगता है। एक लम्बी साँस अपने-आप उभर आती है। सीढ़ियों पर वह भारी कदमों की आहट सुनती है, पाँव उसके दरवाजे पर ठहर जाते हैं। फिर दस्तक।

मशीन की तरह उठकर अनु दरवाजा खोलती है। आदमी अभिवादन करता है, "क्या आपका नाम..." नाम लेने में वह कई बार अटकता है, "अनूऽका है? आपके नाम यह सम्मन है।" आदमी जरूरत न होने पर भी रूमाल से माथा पोंछता है। वह बहुत धीमी और दयालु आवाज में कहता है, "मैडम, आप परदेसी मालूम होती हैं। यह कागज तलाक के हैं। आपको वकील करना चाहिए, बीस दिन के अन्दर यदि आपने उत्तर न दिया तो..."

सम्मन का कागज हाथ में पकड़े, दरवाजे की चौखट के फ्रेम में, तस्वीर-जैसी अनु खड़ी हुई है। सरकारी आदमी ने अपना काम पूरा कर दिया है। उसे चला जाना चाहिए, पर वह अनु का चेहरा देख रहा है। पुलिस का आदमी होने के कारण उसने तमाम ऐसे चेहरे देखे होंगे, दुर्घटनाओं के बाद, आग और बाढ़ के बाद, हत्याओं और आत्मघात के बाद, पर वह शायद एक शरीफ आदमी है, बीवी-बच्चोंवाला, पत्थर की तरह खड़ी इस औरत के लिए वह कुछ करना चाहता है।

"आप वकील कीजिए।" उसने कहा।

अनु ने सिर हिलाया, पर उसकी बात के जवाब में नहीं, अपने अन्दर निरन्तर चलते वार्तालाप की हामी में।

आदमी मुड़ा और धीरे-धीरे सीढ़ियाँ उतरने लगा।

छोटे-से फ्लैट में जयन्त के खर्राटे मँडराते हैं।

"किसी मानसिक चिकित्सक के पास चलोगी अनु?" दिव्या हल्के से

पूछती है।

"वो क्या करेगा? समस्या तो मेरी है न।"

"कुछ कहने-सुनने से मन हल्का होगा, कोई रास्ता दिखेगा।"

"रास्ता तो कब का दिख रहा है," उसने कहा, "पर मैं उसे पकड़ना नहीं चाहती, उसे लेने की हिम्मत नहीं है। बस, मैं एक हल्की आस के सहारे टँगी रहना चाहती हूँ। प्रणव हमेशा प्रेमिका से ऊबकर मेरे पास लौटा है, शायद इस बार भी..."

दिव्या के कंठ में झुँझलाहट स्पष्ट है, "पर इतना सब भोगने के बाद भी तुम उसे वापस ले लोगी?"

"मुझे मालूम नहीं," अनु ने सच्चाई से कहा, "इतने साल तो अँधेरे में थी, पता नहीं था, पर..."

"पर? चन्द्रिका के बाद? डॉक्टर विभा के बारे में जानने के बाद भी..."

"शायद उसे हलाहल की तरह घूँट सकूँ।"

"तुम्हारा आत्मसम्मान कहाँ है अनु?" दिव्या का रोष अब छिपता नहीं, "तुम जिन्दगी-भर अपने को पायदान बनाए रखोगी कि प्रणव तुम्हें खूँदता रहे?"

"मँगतों में आत्मसम्मान नहीं होता।" अनु ने कहा।

दिव्या भड़-से अपना दरवाजा बन्द कर लेती है। वह आवाज अनु को गाल पर तमाचे-सी लगती है। वह चिहुँक पड़ती है। उसके गाल तपने लगते हैं, जैसे सचमुच तमाचे पड़े हों। दिव्या उससे गुस्सा हो गई है, इस बात से अनु को बहुत त्रास होता है। दोपहर को वह दिव्या के लिए सोंठ-पापड़ी बनाती है। दिव्या में प्रसन्न होने का कोई लक्षण नहीं दिखता।

अनु चाहती है कि वह दिव्या को प्रसन्न करे, वह उसकी प्रसन्नता के लिए इतना बड़ा दाम नहीं देना चाहती। उसे अपने दुख से मोह हो गया है। उसे अपने पर आश्चर्य हुआ है, अपने स्वार्थीपन पर। शायद इसीलिए, अपनी स्वार्थ-भावना से उबरने के लिए वह जयन्त की अनुपस्थिति में उसका काम सँभालने के लिए अपने को प्रस्तुत करती है। कैनेडा से जयन्त के लिए इंटरव्यूनामा आया है। अंग्रेजी पढ़ाने के लिए कितनी कम नौकरियाँ हैं और फिर भारतीयों को तो ज्यादा ही दिक्कत होती है। मुश्किल यह थी कि नदीम भाई सास के मातम में तीन हफ्ते के लिए पाकिस्तान गए थे, सबकुछ जयन्त पर छोड़कर और जयन्त को इंटरव्यू में जाने के लिए कई दिन लगेंगे। सबसे ज्यादा आमदनी भी शुक्र, शनि और इतवार को होती है। तीन दिन के लिए रेस्तराँ बन्द करना सम्भव नहीं है। अनु ने कहा, "मैं सँभाल लूँगी

जयन्त भाई।'' जयन्त उसकी ओर ताकता है।

''पचास-पचास लोगों का खाना पकाती आई हूँ।'' अनु ने कहा, ''रेस्तराँ का काम उससे फर्क थोड़े ही होगा।''

जयन्त फिर भी दुविधा में है। दिन तो एल्फ्रेड सँभाल लेगा, पर शाम को छह बजे से रात के बारह बजे तक अनु कैसे तन्दूर लगाती रहेगी? फिर और भी चीजें तो हैं। दिव्या कहती है, ''ऐसा करो न, अभी तो इंटरव्यू में काफी दिन हैं। अनु को साथ ले जाया करो और थोड़ी-थोड़ी ट्रेनिंग देना शुरू करो।''

हर बार जब दिव्या ऑर्डर लाती, वह अनु को छोटी-सी मुस्कान में सम्मिलित कर लेती है। अनु साफ-सुथरी रसोई में खड़ी है, सफेद मर्दाने एप्रन में एकदम खोई हुई। एल्फ्रेड और जयन्त की रसोई एकदम झकाझक साफ और तरतीबवार है। वह सलाख पर मुर्ग पिरोती है और एल्फ्रेड उसे तन्दूर में डाल देता है। दोनों चुपचाप, तेजी से काम करते रहते हैं, एकदम को-आर्डिनेट। ऑर्डर तैयार होने पर काउंटर पर रख दिया जाता है, जब तक तैयार न होता, वेटर दरवाजे से आते-जाते रहते हैं। काँच के बाहर रेस्तराँ करीब-करीब भरा हुआ है।

बाहर तमाम देसी लोगों की भीड़ से अनु का एक बार दिल काँपने लगा था, कहीं कोई परिचित मिल गया तो? प्रणव की बीवी और बड़ी लल्ली की बहू रेस्तराँ में खाना पका रही है, पर तभी उसे याद आता है कि वह अकेली नहीं है, जस्टिस चौधरी की बेटी भी उसी जगह वेट्रेस है। उनका दामाद यहीं बावर्ची है।

कुछ ही देर में वह चक्करघिन्नी की तरह घूम रही है, एल्फ्रेड की मदद करते हुए, पूरियाँ उतारते हुए, कैश रजिस्टर की खनक सारी शाम गूँजती है और फिर वह पहले दिन का अन्त है। दिव्या दरवाजे पर 'बन्द' साइन लगा देती है। बर्तन धोने और सफाई करनेवाला लड़का अपने अकेलेपन में व्यस्त है। एल्फ्रेड टोपी उतार देता है और बाँहें फैलाकर शरीर लम्बा करता है। अनु भी एप्रन उतार देती है और दिव्या के पास आकर बैठ जाती है। अभी तीनों को हिसाब करना है, पैसे गिनने हैं, फिर एल्फ्रेड को साथ ले जाकर बैंक के रात के डिब्बे में पैसे जमा करने हैं। अनु की नजर घड़ी पर पड़ी। रात के डेढ़ बज रहे हैं। दिव्या उसे भी बियर देती है, ''तो अनु, हम श्रमिकों की श्रेणी में आकर कैसा लगता है? तुमने आज साढ़े उन्तीस डॉलर कमाए हैं। लो, थोड़ी बियर चखो, आज तुम बालिग हो गई हो।''

अनु महसूस करती है कि यह थकान, यह जोड़-जोड़ दुखना, टाँगों का

टूटना, यह व्यस्तता, बुरी नहीं है और साथ में यह बोध भी कि व्यस्त रहने पर दुख जैसे हल्का लगने लगता है।

पहली बार दिव्या और जयन्त उसे घर पर अकेला छोड़कर एक पार्टी में गए हैं। इस दिन का इन्तजार अनु को हफ्ते-भर से था, अकेले रह जाने का—जब से उसे पता चला था कि एजुकेशनल टीवी पर भारत पर डाक्युमेंटरी दिखाई जाएगी जो प्रणव ने बनाई है। जैसे-जैसे नौ बजने का समय पास आता है, वह अपना दिल उसी तरह से धड़कता हुआ पाती है, जैसे प्रणव से पहले साक्षात्कार के समय धड़का था। वह सिमट-सिकुड़कर बैठ जाती है और दिव्या का टेलीविजन खोल देती है। शायद भाग्य कृपालु है, आज पुराना टेलीविजन ठीक-ठीक काम कर रहा है। चन्द्रिका की आवाज सुनते ही उसे झटका लगता है, वह आँखें तसवीर पर गड़ाए बैठी रहती है। प्रणव की दृष्टि निर्मम है, असंलग्न, तसवीरें चलती रहती हैं—हैदराबाद, दिल्ली, हरिद्वार...तसवीरों में चन्द्रिका बार-बार दिखती है, मुस्कुराती हुई, आत्मविश्वास से भरी हुई, माइक मुँह के आगे लगाकर हिन्दी में राहगीर का इंटरव्यू लेती हुई। अनु आहत देखती है। इस लड़की में प्रणव को क्या मिला, क्यों यह बार-बार स्क्रीन पर लाई जाती है, क्यों उसे इतना महत्त्व मिल रहा है?

फिल्म के अन्त में इंटरव्यू है, प्रणव और चन्द्रिका के साथ। अनु उन दोनों को एकटक ताकती है। प्रणव कुछ उत्तर देता है तो चन्द्रिका सहमति से हुंकारी भरती है, मुस्कान से फैला चेहरा लिए। चन्द्रिका कहती है तो प्रणव की दृष्टि उससे हटती नहीं। दोनों में कितना तालमेल, कितना एकपना दीख रहा है! स्पष्ट है कि वे डायरेक्टर और असिस्टेंट नहीं हैं, प्रेमी हैं, पति-पत्नी हैं।

आगे देखना असह्य हो जाता है। वह बटन बन्द करके हड़बड़ाकर बाहर निकल आती है। खुली हवा में साँस लेती है। बाहर, आगे-पीछे रात का अँधेरा है, हल्का-हल्का, गर्मी की वजह से एकदम घुप्प नहीं। घास में, झाड़ियों में झींगुर गा रहे हैं, आकाश में छिटपुट तारे हैं।

जयन्त और दिव्या उसे बस स्टैंड छोड़ने आते हैं, "याद रखना अनु, तुम अकेली नहीं हो। नदीम भाई तुम्हें पार्टनर बनाने को तैयार हैं।" जयन्त ने कई बार कहा।

"पर आप तो कैनेडा जा रहे हैं।" अनु ने कहा, "अब मेरे यहाँ लौटने

में क्या तुक है?"

दिव्या ने उसे गले लगाते हुए कहा, "अपना खयाल रखना, मुनिया।"

बस चल दी। अनु एक बार फिर खिड़की से बाहर फैले हुए संसार को ताकने लगती है।

वह रात जैसे कत्ल की रात की तरह गुजरेगी। अनु को लगता नहीं कि अगले दिन के बाद वह कानूनी तौर से प्रणव की बीवी नहीं रहेगी। वह यह भी जानती है कि रस्म अदाई से न तो विवाह होते हैं, न तलाक। दिल की एक अपनी गति होती है, भावनाएँ, अनुभूतियाँ उगती हैं, पनपती हैं, फिर उन्हें सूखने में भी समय लगता है। जैसे अपनी सगाई, अपना विवाह, इस घर में आकर डोली से उतरना, सब एक अयथार्थ नाटक, एक अजीबोगरीब रोल-सा लगता रहा था, उसी तरह से जैसे फिर एक भूमिका में पार्ट अदा कर रही है। अनु नाम की एक लड़की का रोल, जिसे अब तक जिन्दगी उठाती और गिराती आई है और कल के बाद भी, बहुत दिनों तक मन से वह प्रणव की पत्नी रहेगी, शायद हमेशा, जन्म-भर वह मन में प्रणव की पत्नी ही रहे।

अनु ने अँगीठी में एक लकड़ी लगा दी। आग धीरे-धीरे जल रही है। अनु पास बैठकर हाथ सेंक रही है। अभी बहुत काम बाकी है, अभी आधी से ज्यादा जिन्दगी जीनी बाकी है, पर उसे कोई हड़बड़ी नहीं, कोई जल्दी नहीं। एक ध्यानमग्न योगी की तरह बैठकर वह आग को ताकती रहेगी।

लौटना अजीब-सा लगा था। घर के खालीपन के लिए वह तैयार थी, पर बहुत दिन बाद घर कितना बड़ा और कितना उदास दीख रहा था! कपड़ों की अलमारी में प्रणव के सारे कपड़े टँगे हुए थे, जूते भी कतार-के-कतार लगे हुए थे। सोने का कमरा भी वैसा ही था, अनु के ड्रेसिंग टेबल पर उसकी सारी चीजें; अलमारियों में, दराजों में तह-की-तह कपड़े, साड़ियाँ।

चीजें, हर जगह चीजें हैं। चीजों का अम्बार है—प्याले, चम्मच, किताबें, पत्रिकाएँ, कपड़े, कोट, जूते, पेंटिग्ज, पलँग, अलमारियाँ, बेलन, कड़ाहियाँ, भगौने, बूँदी झाड़ने का झरना, सेवई बटने की मशीन, तौलिए, चादरें, मसालों के डिब्बे, प्लास्टिक की बाल्टियाँ, दालें, पुराना बासमती चावल—बरसों से कितना पैसा इन सब चीजों पर खर्च किया गया है, कितने चाव से सारी गृहस्थी जुटाई गई है; कलकत्ता, बम्बई, मद्रास, हैदराबाद और दिल्ली की दुकान-दुकान झाँकने के बाद साड़ियाँ इकट्ठी की गई हैं। अब ये सारी चीजें जैसे अनु को घूरती

रहती हैं। अनु को समझ में नहीं आता कि क्या करे? उसने सारी अलमारियों के किवाड़ खोल दिए और एक प्रेतात्मा की तरह, बिना आहट किए एक कमरे से दूसरे कमरे में भटकती रही।

अनु की इच्छा कुछ खाने-पकाने की नहीं होती। उसका मन कहीं आने-जाने का भी नहीं होता। एक दिन अपने को ठेलकर उसने कीरत को फोन किया था। फोन गोगी ने उठाया। अनु ने कीरत को पूछा, "ममी घर पर हैं?" गोगी ने कहा, "हाँ, अभी बुलाती हूँ।" फिर दो क्षण में ही लौटकर कहा, "ममी घर पर नहीं हैं।" तमाचा-सा खाकर अनु ने कहा, "कह देना, अनु आंटी ने फोन किया था।" पर कीरत ने लौटकर उसे फोन नहीं किया। सबको खबर लग गई होगी कि अनु वापस आ गई है, मगर उसकी सारी सहेलियाँ चुप मार गई हैं। क्या हुए वे लोग, रसमलाइयाँ, चमचमें, कबाब और मुर्ग नियमित रूप से आकर खानेवाले, महँगी शिवाज और काले लेबलवाली जानीवाकर गटगट पीनेवाले? अकेली इकाई का अब इस गुट में स्थान नहीं है।

अनु ने न चाहते हुए भी, एक-एक कर सबको फोन किया, सभी को कुछ-न-कुछ काम निकल आया। सभी व्यस्त थे। उसे किसी ने एक प्याला कॉफी के लिए भी नहीं बुलाया। केवल पड़ोसिनें हैं जो दिन में एक बार जरूर देख जाती हैं और कभी केक, कभी बिस्कुट, कभी फल दे जाती हैं। कभी कहती हैं, "तुम अकेले बैठे-बैठे 'मोप' किया करती हो। तुम्हारी सारी सहेलियाँ क्या हुईं, तुम्हारी ड्राइव-वे में तो मोटरों का ताँता लगा रहता था!"

तब अनु ने सच बोल दिया, "उन सबने मुझे ड्राप कर दिया है।"

रोजलिन ने कहा, "तब वह तुम्हारी असली सहेलियाँ नहीं थीं। शायद उन लोगों को तुम्हारी खूबसूरती से डर लगता हो!"

तब अनु ने बुझी-सी हँसी से कहा, "मेरी नजर किसी के पति पर नहीं है, आइ एम थ्रू विद मैन।"

अनु ने उस शाम गाड़ी निकाली। बहुत दिनों बाद पेट्रोल डलवाया। पतझर की शुरुआत थी और उतरती हुई शाम में एक अजीब-सी उदासी और अकेलापन था। सड़कों पर छितरी हुई पत्तियों के लाल-पीले और नारंगी रंग चमक रहे थे। अनु अपने आप परिचित सड़कों पर मुड़ गई, ओल्ड सॉक से गैमन, गैमन से खोसेमिटी। उसकी गाड़ी में शायद इतने दिनों से आधा टेप लगा हुआ था, वह अपने आप बजने लगा। अनु कुछ सोच नहीं रही थी। उसकी आँखें सड़कों, घरों, घिरती रात के आकाश, सड़क की रोशनी को देखते हुए भी नहीं देख रही थीं। एकएक उसने जागकर पाया कि वह विभा के घर के बिलकुल पास है। वहाँ

जाने या उतरने का इरादा न होते हुए भी अनु ने गाड़ी उधर मोड़ दी। उसे सड़क के मुहाने पर ही रुक जाना पड़ा। वैसी पार्टी छिपती नहीं, सड़क के दोनों ओर तरह-तरह की साड़ियों और सूटों में लोग शाहा के घर की ओर चले जा रहे थे। अनु के गाल शर्म से तपने लगे। अच्छा हुआ कि वहाँ अँधेरा था, नहीं तो पहचाने जाने पर कितनी जिल्लत उठानी पड़ती। उसने तुरन्त गाड़ी मोड़ दी। तोऽ सबकुछ पूर्ववत् चल रहा है!

उस दिन के बाद वह बाहर नहीं गई, खाली बैठक में रोज शाम से आग के पास बैठकर, घंटों लपटों को निरुद्देश्य ताकती रहती। अब आँसू नहीं बचे, गुस्सा भी खत्म हो चुका है–हथेलियाँ खोलकर वह सबकुछ झर जाने दे रही है। एक-एक दिन का लेखा रखती है कि कितना समय गया और कितना बचा।

दरवाजे की घंटी बजती है। प्रणव है। अनु को ताज्जुब नहीं होता, उसे जैसे हर क्षण यही इन्तजार था, यही उसकी प्रार्थनाओं की परिणति है। आकर उसने घंटी बजाई है, अनु ने दरवाजा खोला है। अब सीन नम्बर दो शुरू होगा, प्रणव उसे बाँहों ले लेगा और अनु कालिदास की शकुन्तला की तरह उसे क्षमा कर देगी–सारी पीड़ा, सारा दुख, सारा अपमान भुलाकर।

"अन्दर आ सकता हूँ?"

"आइए।"

गलियारे में खड़े होकर अनु प्रणव को देखती है। प्रणव एकदम सूख गया है, जैसे बिना पानी का रूख। बालों में खूब सारी सफेदी चमकने लगी है। वह नीली जींस पर एक फटा-सा स्वेटर पहने है।

"अच्छी तो हो अनु?" वह पूछता है।

"बहुत मजे में हूँ, धन्यवाद।"

वह अपने में सिमटकर एकदम औपचारिक हो गई है। दोनों चुप खड़े हैं।

फिर प्रणव रसोई में चला आया, अभ्यस्त हाथों से उसने खुली अलमारी में से गिलास निकाला, शराब की बोतल उठाई, पानी मिलाया और कहा, "तुम्हें समय है अनु? कुछ बातें करनी हैं।"

अनु चुप रही। आग के पास आकर दोनों बैठ गए, आमने-सामने। अनु अपनी गोद में पड़े हाथों को ताकने लगी।

प्रणव चुप-चुप शराब पीता रहा।

"घर के दाम लग चुके हैं। तुम्हारे हस्ताक्षरों की जरूरत है।" आगे कहने से पहले प्रणव ने गिलास खाली कर दिया, "हमने घर नब्बे हजार में खरीदा था, अब सवा लाख पर बात पक्की हुई है। कुल मिलाकर हम दोनों को पैंतीस हजार का नफा होगा, पन्द्रह हजार घर खरीदते वक्त दिया था, इसलिए पचास हजार होंगे। क्या तुम उसका आधा चाहोगी?"

प्रणव ने प्रश्न ऐसे किया, जैसे उसे उम्मीद है कि अनु मना कर देगी, पर अनु ने कुछ सोचने के बाद कहा, "हाँ, क्यों नहीं!"

प्रणव थोड़ा-सा भौंचक उसे देखने लगा, "तुम क्या करोगी इतने पैसे का?"

"आप क्या करेंगे?"

"मुझे तो जरूरत है।"

अनु ने अनझिप आँखों से उसे देखा, फिर अपने अन्दर उमड़ती हुई कड़वाहट घूँटकर बोली, "मैं एक रेस्तराँ और बूटीक खोलना चाहती हूँ।"

प्रणव ने रसोई में जाकर फिर गिलास भरा है।

"तुम बदल रही हो।" प्रणव को जैसे कोई नई बात पता चली हो।

"बदल रही हूँ? शायद। अन्दर से तो नहीं लगता, अन्दर से तो वही की वही..." अनु चुप हो गई।

"कहाँ रेस्तराँ खोलने का विचार है?"

"कहीं बहुत दूर..."

"अनु, तुम कहीं सारा पैसा गँवा न देना..." प्रणव ने एकदम पिघलकर कहा।

अनु चुप रही।

"तुम वापस क्यों नहीं लौट जातीं अनु, पचीस हजार डॉलर भारत के लिए बहुत होता है।"

"वह दरवाजा मेरे लिए बन्द हो चुका है।" अनु की आवाज कड़ी, खरोंच भरी है, जैसे अन्दर जमा हुआ खून धीरे-धीरे थूक रही हो, "मैं वापस किस मुँह से जाऊँगी? अपनी माँ के इतिहास की पुनरावृत्ति नहीं करूँगी। मेरे बाप ने तो तब भी देश के नाम पर जान दे दी थी, पर..."

"जानता हूँ, जानता हूँ।" प्रणव ने हाथ से जैसे आगे आनेवाले प्रहारों को रोकने की कोशिश की। अनु चुप हो गई।

प्रणव ने कहा, "मैंने तुम्हारे साथ अन्याय किया है, मैं जानता हूँ। मैं उस

एहसास के साथ दिन-रात जीता हूँ। मुझसे ज्यादा वह कौन जानेगा, पर मैं विलेन नहीं हूँ।''

वह चुप रही।

''तुम समझती हो, मुझे पीड़ा नहीं होती, मुझे दुख नहीं होता? मुझे खोया-खोया नहीं लगता? मुझे इस सम्बन्ध को निभा न सकने की ग्लानि, शर्म नहीं है?''

''तब?''

प्रणव निरुत्तर होकर गिलास हिला रहा है, काँच में बर्फ खनकती है। फिर उसने धीरे-धीरे कहा, ''कुछ घटनाएँ हमसे बड़ी होती हैं, और हम उनके आगे असहाय हो जाते हैं।''

सूखी हुई लकड़ियाँ चटकती हैं, कमरे में आग के अलावा रोशनी नहीं है। अनु चुप, एकदम निश्चेष्ट बैठी है। प्रणव यहाँ है, उसके सामने। वह समझ नहीं पा रही है कि उसे रोकने के लिए क्या करे—पैरों पड़ जाए, गिड़गिड़ाने लगे, हाथों से पैर पकड़ ले! नहीं, वह कुछ नहीं करेगी। वह चुप शब्दहीन बैठी आग की ओर ताकती रहती है।

प्रणव तीसरा गिलास भर रहा है।

अनु उठकर रसोई में आकर खड़ी हो जाती है, ''इन सब चीजों का क्या करूँ? इतने बर्तन, प्लेटें, कितनी चीजें...''

''बेच दो।''

''बेच दूँ?''

''हाँ, एक सेल लगा दो, सब बिक जाएगा।''

''साड़ियाँ भी?''

''साड़ियाँ नहीं अनु...तुमने कितने चाव से...''

''चाव से तो यह सब भी जुटाया था...एक सवाल मेरे मन में चक्कर काटा करता है—यह सब मेरे साथ ही क्यों घटित हो रहा है? कितनी औरतें हैं, सब मजे में रह रही हैं। सिर्फ मेरे ही साथ यह क्यों हो रहा है, जबकि मुझे आपकी सबसे ज्यादा जरूरत है? मेरे न माँ है, न बाप, न भाई, न बहन, न लड़का-लड़की—सारा-का-सारा संचित प्यार आप पर...''

'तुम्हारा दोष नहीं है, मैं ही कुपात्र हूँ।''

अनु जान रही है कि बार-बार मन में दोहराया गया सिनेरियो घटित नहीं होगा। प्रणव गिलास खत्म करके चला जाएगा, जहाँ चन्द्रिका उसकी प्रतीक्षा में बैठी है। सारे देवी-देवता अनु को धोखा दे गए हैं।

प्रणव ने कहा, "अब चलूँगा, अनु।"

"कल मिलेंगे, कचहरी में। सुबह नौ बजे।"

प्रणव ने पास आकर उसे बाँहों में घेर लिया। उसके होंठों ने अनु के माथे को फूल के-से स्पर्श से छुआ।

"अपनी देखभाल करना अनु!"

वह दरवाजा बन्द नहीं करती। आधा किवाड़ खोले हुए खड़ी रहती है, प्रणव के चले जाने के बाद भी। पर अब उसे किसी की प्रतीक्षा नहीं है।

उत्तरार्द्ध

दिव्या बराबर अंग्रेजी में बोलती है, एकदम अमेरिकी प्रोफेसरी अंदाज में।

"वह बहुत सन्तुष्ट है। उसे फिर तंग करने से क्या फायदा! क्या चाहते हैं आप अब उससे?"

प्रणव ने जवाब दिया, "मैं पूर्व तट पर आ रहा हूँ, उससे मिलना चाहता हूँ। मैं तंग वगैरह क्यों करने लगा?"

"इतने दिन बाद अनु का ध्यान कैसे आ गया? अब क्या चाहते हैं? आपको मालूम है, आपके बीच के सारे दरवाजे बन्द हो चुके हैं।"

प्रणव ने धीरज खोते हुए कहा, "मैं अनु के प्रति तुम्हारी वफादारी का कायल हूँ। मगर तुम यह क्यों भूलती हो कि मैं अनु का पति रह चुका हूँ।"

"यह कोई भूल ही कैसे सकता है!"

"मैं अनु के पते के इन्तजार में हूँ।" प्रणव ने अपने पर काबू करते हुए कहा।

तब दिव्या ने कुछ नाखुशी से कहा, "पता है–उन्नीस ब्लू माउंट रोड, बेल मौंट और फोन है..."

फोन नम्बर लिखकर प्रणव ने कुछ जरूरत से ज्यादा ही शिष्टता से कहा, "धन्यवाद! बेशुमार धन्यवाद।"

इस वार्तालाप को वह मन-ही-मन दोहराता रहा। बोस्टन पहुँचकर उसने पहले ही दिन फोन मिलाया।

"चौधरी रेजिडेंस।" एक स्त्रीकंठ ने कहा।

उस आवाज के पक्के विलायती उच्चारण से प्रभावित होकर प्रणव ने कहा, "मैं अनुका से बात करना चाहता हूँ।"

“मैं ही हूँ।”

“अनु? पहचाना नहीं? मैं हूँ।” एक बहुत छोटे क्षण की चुप्पी, “प्रणव।”

झटका-सा खाई आवाज कुछ काँपती-सी लगी, “प्रणाम। कहाँ हैं? कहाँ से बोल रहे हैं?”

“यहीं हूँ। शहर में। मैसेच्यूसेट जेनेरल हॉस्पिटल से।”

“क्यों? क्या कुछ...?”

“नहीं, नहीं, ऐसा कुछ नहीं। एक वर्कशाप में आया था। सोचा, जब आया ही हूँ अपने को कुछ टेस्ट कराता चलूँ। मिलना सम्भव होगा?”

“आपको कब सुविधा होगी?” अनु ने पूछा।

“जब भी तुम चाहो, आज तो खाली ही हूँ। मैं कार्डियेक विंग में हूँ। आठ सौ पाँच कमरे में।”

“अच्छा, शाम को खाने के बाद आऊँगी।”

फोन रखकर प्रणव गलियारे में टहलने लगा। उसकी एक्सपर्ट आँखें मरीजों के कमरों के दरवाजों पर लगी सूचनाओं से ही स्थिति पकड़ लेतीं। जहाँ बड़े-बड़े लाल अक्षरों में ‘धूम्रपान निषेध’ लिखा है वहाँ निश्चय ही ऑक्सीजन पर साँस चल रही होगी। वह टहलता हुआ नर्स-स्टेशन पर चला गया जहाँ चीफ नर्स बैठी हुई कुछ कागज ठीक कर रही थी। प्रणव कुछ देर मॉनीटर पर अनजान दिलों की धड़कनें देखता रहा।

चीफ नर्स ने सिर उठाकर उसे देखा। अपनी विशिष्ट मुस्कुराहट से कहा, “आपका टेस्ट ग्यारह बजे है। कल ब्रेकफास्ट नहीं मिलेगा।”

इसके आगे कुछ और कहने की जरूरत नहीं थी। बाँह से नली दिल तक डालकर परीक्षण कैसे किया जाता है, इस रूटीन से वह भली भाँति स्वयं परिचित था।

प्रणव को हर अस्पताल एक-सा ही लगता है। एक खास तरह का आतंक-भरा सन्नाटा, सफेद कोट और बिना आहट करनेवाले क्रेप सोल के जूतों में डॉक्टर, हर वक्त कहीं-न-कहीं सफाई-पोंछा लगानेवाली स्त्रियाँ। वह जन्म-मृत्यु, रोग-शोक का आदी हो गया है। पर आज वह अपने को एक अजीब स्थिति में पा रहा है, एक व्यस्त अस्पताल में होते हुए भी उससे अलग, तटस्थ। बाहर के हॉल में बैठकर वह सिगरेट सुलगाता है। उसने कुछ भी नहीं छोड़ा है—न सिगरेट, न शराब, न औरत, मगर वह यह भी नहीं कह सकता कि सबका स्वाद पहले ही जैसा है। वह यह भी जानता है कि सचमुच चाहने पर वह बिना किसी मलाल के, एक निष्ठुर विरक्ति से सबकुछ छोड़ सकता है।

प्रणव आधी पी सिगरेट कुचलकर बुझा देता है। अस्पताल के आसपास कहीं बार या रेस्तराँ जरूर होगा जहाँ शराब मिल सकेगी, पर अभी वह अस्पताल के कपड़े पहने हुए है। कमरे में जाकर दुबारा कमीज, पतलून पहनकर ही बाहर जाना हो सकेगा। एक गिलास मिल जाता तो ठीक रहता, पर उस जरूरत से कपड़े बदलने की अनिच्छा बलवती हो उठी है। सिगरेट बुझाने के बाद भी वह उठता नहीं, पास की मेज पर नई-पुरानी पत्रिकाओं के ढेर से एक उठाकर अनमने भाव से उसके पन्ने पलटता है, फिर उसे बिना पढ़े ही ढेर में डाल देता है।

गलियारे का आटोमैटिक दरवाजा बार-बार खुलता है, व्हील चेयर पर प्रसवासन्न माँएँ, रोगियों से मिलनेवाले बन्धु-बान्धवों के गम्भीर, आतंकित चेहरे, हाथों में फूल, किताबें, चॉकलेट एक सहारे की तरह पकड़े हुए लगते हैं। कितना व्यवस्थित, कितना सन्तुलित है सबकुछ, एक सुघर, सुचालित मशीन की तरह यह अस्पताली दिनचर्या। प्रणव के कान में छत में लगे हुए स्पीकर से एक स्पष्ट आवाज बराबर पड़ती है, डॉक्टरों को पुकारती हुई, डॉक्टर सोम्स, डॉक्टर बर्कोविट्ज, डॉक्टर डिलन...पर प्रणव निश्चिन्त बैठा है, यह जानते हुए कि उसका नाम यहाँ नहीं पुकारा जाएगा कि अपना नाम सुनकर उसे हमेशा की तरह फोन की तरफ भागना नहीं पड़ेगा। उसे वातावरण सहज, सामान्य और आश्वस्तिपूर्ण लग रहा है। वहाँ से उठने को उसका मन नहीं हो रहा है, फिर भी अचानक उसे लगा कि वह जैसे थक-सा रहा हो। पहले नोवास्कोशिया से यहाँ तक की यात्रा, फिर डेढ़ दिन का सेमिनार और अब अनभ्यस्त खाली बैठे रहना। अगले दिन के परीक्षण में उसकी छाती में जो भी निकले, इसकी उसे फिक्र या उलझन नहीं है, उसे जैसे मालूम ही था कि अन्दर सबकुछ एकदम ठीक-ठीक नहीं है और जो भी निकलेगा, उसे वह पूरी तरह झेलने को तैयार है। मन में जो तनाव-सा है, प्रणव जान रहा था, वह शायद अनु के कारण है। उससे बात करके मालूम नहीं क्यों मन पर एक बादल-सा आकर छा गया है। वह सब जो इतने पहले घटा, शायद उसी का भूला हुआ कि किरकिरा स्वाद फिर मुँह में आकर भर गया है। दस सालों में उसने अनु की खोज-खबर नहीं ली थी। शुरू-शुरू में अक्सर खयाल आता था, कभी-कभी तो बेतरह, पर इधर पिछले कुछ सालों में वह उसे करीब-करीब भूल ही चुका था। यह बात दूसरी थी कि इधर कुछ दिनों से उसे अजीब-अजीब सपने दीखने लगे थे। बीच में नींद खुल जाने पर पाता कि वह जिस डरावने गड्ड-मड्ड सपने के बीच में है, उसमें अनु भी एक पात्र है—उलझे-बिखरे बाल, हल्दी के

रंग की एकदम गुँजली मुसी हुई साड़ी, जैसे कई दिन से वही पहने हो...तब उसे देर तक दुबारा नींद नहीं आती। क्या उस घटना ने उसकी अंतश्चेतना पर इतना गहरा प्रभाव डाला था कि अभी भी कचहरी में तलाक होते वक्त की अनु का अक्स गया नहीं है।

डाइवोर्स की कार्रवाई जज के प्राइवेट चेम्बर में हुई थी। प्रणव के साथ एक गवाह था, अनु अकेली आई थी। उसने कोई वकील नहीं तय किया था। वह हल्दी के रंग की पोचमपल्ली साड़ी पहने थी, जिसकी पीली परछाईं से उसका चेहरा एकदम रक्तहीन लग रहा था। साड़ियों या कपड़ों की प्रणव को याद नहीं रहती पर न जाने क्यों वह साड़ी अब तक मन में गड़ी हुई है, शायद इसलिए कि उस कचहरी के गम्भीर वातावरण में वह साड़ी बहुत अलग लग रही थी और शायद इसलिए भी कि पीली साड़ी पहनते हैं ब्याह के समय और अनु ने उसे पहन रखा था उस ब्याह की समाप्ति पर। वह गोद में हाथ रखे बैठी थी, सिर उसका झुक आया था। जब जज ने प्रणव से तलाक का कारण पूछा और तब तो कारण बताए बिना तलाक मिलता भी नहीं था—प्रणव ने अनु के द्वारा किए गए मानसिक अत्याचारों का ब्यौरा देते हुए कहा, "मेरी बीवी अनु को पागलपन के दौरे पड़ते हैं। उसमें यह अपना सारा आपा और सुधबुध खो बैठती है। मुझ पर शारीरिक हमले करती है, नोचती-खसोटती है, अभद्र गालियाँ देकर, मुँह पर थूककर मुझे जलील करती है—इसने सारा घर तहस-नहस कर डाला है।" वह यह सब कहने को तभी राजी हुआ था जबकि वकील ने उसे विश्वास दिलाया था कि मानसिक क्रूरता का ब्यौरा दिए बिना तलाक की कोई उम्मीद नहीं है। उसने मन-ही-मन पक्का इरादा कर लिया था कि यह सब कहते हुए वह अनु से नजर फेरे रहेगा, मगर न जाने कैसे उसकी आँख अनु की ओर उठ गई, अनु अवाक्, आहत, बिना गलती चाँटा खाए बच्चे की तरह उसे एकटक ताक रही थी। उसकी आँखों की कोरों में मोटे-मोटे आँसू उलझे हुए थे। प्रणव से नजर मिलते ही उसने मान से गर्दन मोड़ ली। प्रणव आगे का रटा हुआ वाक्य एकदम भूल गया। फिर उसने अटक-अटककर कहा, "ऐसे वातावरण में मेरा रहना नामुमकिन हो गया है, मुझे तरह-तरह के ड्रग्ज लेने पर बाध्य होना पड़ रहा है..."

प्रणव के गवाह ने अनु के इस आचरण के सबूत में डॉक्टरी सार्टिफिकेट पेश किए। जब जज ने अनु से पूछा, "आप कुछ कहना चाहेंगी?" तो अनु ने मौन ही सिर हिलाया।

"बोलकर उत्तर दीजिए।"

प्रणव ने एक छोटी बच्ची की-सी महीन आवाज सुनी, "नहीं।"

जज ने घर में आधा हिस्सा और घर का सामान अनु को दिया, आधा हिस्सा और गाड़ी प्रणव को। अनु ने रहने, खाने के खर्च की माँग नहीं की थी, इसलिए उसे वह नहीं मिला, हालाँकि उसे वह माँगने और लेने का पूरा-पूरा हक था। इस कार्रवाई के बाद प्रणव कचहरी के आगे देर तक खड़ा रहा। उसने अनु को दरवाजे से निकलकर अकेले सड़क पार करते हुए देखा। कानूनी तौर से अब वह केवल एक पहचानी औरत थी, जिससे उसका कोई सम्बन्ध नहीं बचा था। अब प्रणव स्वतन्त्र था, अकेला, उन्मुक्त, बन्धनहीन। उसने अपने मन में वह उत्साह नहीं पाया जिसकी उसने इस क्षण के लिए कल्पना की थी।

वह खड़ा-खड़ा अनु को देखता रहा, जब तक कि वह मोड़ से ओझल न हो गई। उसकी चाल धीमी थी पर लक्ष्यहीन नहीं। एक पल के लिए प्रणव का दिल फड़फड़ाया, पर अब उस क्षणिक मोह में रखा ही क्या था? चारों तरफ सबकुछ पहले की तरह ही था। वही ट्रैफिक, वही लाल-हरी बत्तियाँ, मोटरें, बसें, कचहरी के आगे राजभवन की इमारत और बगीचे में गर्मियों के फूल। राजभवन पर लगी दोनों ध्वजाएँ हवा में धीरे-धीरे हिल रही थीं और चौराहे पर अब्राहम लिंकन की मूर्ति पर बैठे मोटे-मोटे जंगली कबूतर गर्मियों की हल्की मीठी-मीठी धूप में ऊँघ रहे थे।

अनु सब बेच-बाचकर कहीं चली गई है, शायद पूर्वी तट पर। न्यूयॉर्क, न्यू जर्सी आदि जगहों पर भारतीय बहुत थे, उन्हीं के बीच वह कहीं बस गई है, यह उसने कहीं सुना था। उसके बाद एक लम्बा अन्तराल और अब एक दिन उसने अनु को उस विस्मृति के संसार में से ढूँढ़ ही निकाला। कुछ मायनों में अनु के साथ अन्याय हुआ, यह प्रणव ने हमेशा स्वीकार किया, 'पर मैं असहाय था, बेबस था, आई कुडंट हेल्प माईसेल्फ,' उसने बार-बार अपने से कहा। चन्द्रिका में, उसकी प्रखरता में एक ऐसा अदमनीय आकर्षण था, उसके साथ में एक ऐसी गहरी अभूतपूर्व परितुष्टि थी कि उसके बाद अनु के साथ वैवाहिक जिन्दगी बहुत लचर और बेमानी लगने लगी थी। चन्द्रिका का एक बहुत दृढ़ निश्चय था, वह रखैल बनकर नहीं रहेगी। अगर प्रणव चाहता है कि चन्द्रिका के साथ एकाकी सम्बन्ध रहे तो उसे अनु को छोड़ना पड़ेगा। प्रणव को भी उसी तरह मुक्त होना पड़ेगा, जैसे कि वह, स्वयं चन्द्रिका थी।

अनु से अलग होने में चन्द्रिका का बहुत योग रहा, यह बात वह बहुत अर्से तक नकारता रहा। बात उठने पर उसने बार-बार यही कहा, "आई कुडंट

हेल्प माईसेल्फ–ऐसी शादियाँ हमेशा रिस्क होती हैं, एक छोटी-सी मुलाकात, सिर्फ चेहरा देखकर पसन्द कर लेना, आगे स्वभाव कैसा निकलेगा, पटेगी या नहीं, यह सब कहना बड़ा मुश्किल होता है। एक जीवन्त व्यक्ति के लिए लीक पकड़कर झेलना कितना त्रासद है। फिर हम भारत में तो हैं नहीं, न उस पुराने समय में कि निभाना तो है ही, भले ही अपनी सारी भावनाओं और व्यक्तित्व का गला घोंटना पड़े। विदेश में कितने तनाव, कितने दबाव होते हैं, उसमें गाड़ी खींचना बड़ा मुश्किल हो जाता है। खासतौर से मेरे जैसे स्वच्छंद, बेचैन, आकुल प्रकृति के व्यक्ति के लिए।''

यह सब उसने अपने और दूसरों के सामने इतनी बार दोहराया था कि उसे स्वयं विश्वास होने लगा था कि जो कुछ हुआ, सभी के पक्ष में अच्छा हुआ। जिन्दगी के उस बिन्दु पर उसे जिस व्यक्ति की जरूरत थी, वह हाथ में करछुल लिए अनु निश्चय ही नहीं थी। यह बात दूसरी थी कि चन्द्रिका की जरूरत भी जल्दी ही खत्म हो गई और सबकुछ मिलाकर सच्चाई तो यह है, प्रणव दूसरा सिगरेट सुलगाते हुए उठ खड़ा होता है कि किसी को किसी की जरूरत नहीं होती है। अन्ततः हमें अपने साथ ही रहना होता है, अपने स्व से ही जूझना होता है। हम सब अपने को अकेला पाते हैं। शाही, ब्याह, गिरस्ती, रिश्ते–जब तक चलते हैं तभी तक के रहते हैं। किसमें इतनी ताकत है कि साथ-साथ दूसरे प्राणी की जिम्मेदारी ढोता रहे, जिसमें होगी, हो–मुझमें नहीं है।

और यह हुआ दूसरा झूठ–लम्बे-लम्बे दो कश लेकर वह सिगरेट फिर कुचल देता है। तब लिफ्ट लेकर वह आठवीं मंजिल पर पहुँचता है। उस विंग में सारे दिन के बाद थोड़ी गतिविधि है। कुछ लोग बाहर लाउंज में बैठे हुए हैं, कुछ रोगी चलते-फिरते भी दिखाई देते हैं। विंग के अन्त में वह अपने कमरे तक धीरे-धीरे चलकर गया, करीब-करीब एकान्त और सन्नाटे में जाकर खिड़की के पास खड़ा हो गया। उसे अब छोटे-छोटे इन्तजार थे–शाम को अनु के आने के, अगले दिन छाती की जाँच के। छाती दुबारा खोलकर दिल की नलियों की मरम्मत की जरूरत है कि नहीं, यह तो परीक्षण के नतीजे पर निर्भर होगा। हार्ट सर्जरी का जो शारीरिक दर्द था, उसे वह एक बार झेल चुका था। वह सिर्फ कुछ साल जिन्दगी और बढ़ाने के लिए दुबारा इतने खटराग में पड़ेगा या नहीं, उसने अभी यह निर्णय नहीं लिया था। स्वयं डॉक्टर होने के नाते वह यह जानता था कि वह, अपनी ही हालत में मरीज को राय देता तो दुबारा सर्जरी कराने पर जोर देता, पर अपनी निजी पीड़ा वह टालता आया। एक

व्यर्थ-सी आशा में कि अपने-आप सब ठीक हो जाएगा। उसे यह भी मालूम था कि एक स्टेज पर आकर रोग इतना बढ़ जाता है कि बिना इलाज किए वह जाता नहीं, मानव-सम्बन्धों की तरह। उसने सोचा, एक बिन्दु पर आकर रिश्ते काट देना ही ठीक होता है। वह चन्द्रिका के बारे में सोच उठा, विभा के बारे में, जिससे इतने सालों वह एक बेमानी से अफेयर में उलझा रहा। वह इन सब पुरानी बातों में क्यों उलझ रहा है? प्रणव ने अपने से कहा, 'वह एक बहुत पुराना अध्याय है–एक बहुत-बहुत पुराना अध्याय...'

प्रणव ने फिर महसूस किया कि वह बहुत थक रहा है। शाम ढलने से ड्रिंक की जरूरत भी बहुत जोरों से लग रही थी। वह न जाने किस शेखी और झूठी बहादुरी में अपनी बोतल पीछे छोड़ आया था। उसने अस्पताली गाउन उतारकर सिरहाने टाँग दिया और पलँग पर लेट गया। बिस्तर ठंडा था, चादरें मुलायम और झकझक सफेद। मैं इतना थक क्यों गया हूँ, अपने आपसे उसने पूछा। फिर उसे सीने में अन्दर चिनगारियाँ-सी फूटती महसूस होने लगीं। वह निश्चल पड़ा रहा। अपनी सारी शक्ति को बटोरकर दर्द पर एकाग्र करते हुए, 'गो अवे–पेन! गो अवे, लीव मी...' कुछ क्षणों में दर्द जैसे अकस्मात् उठा था, वैसे ही थम गया। प्रणव निचुड़ा, निढाल बिस्तर पर पड़ा रहा। कुछ देर बाद उसने पानी पिया, बर्फ के छोटे-छोटे ठंडे टुकड़ों को मुँह में डालकर चूसने से कुछ प्यास कम हुई। फिर उसने फोन करके चीफ नर्स से कहा कि वह आराम करने जा रहा है, उसे डिस्टर्ब न किया जाए, न रात के भोजन के लिए। हाँ, एक विजिटर आएँगी, उन्हें न रोका जाए।

"क्या विजिटर के जाने के बाद आपको एक सैंडविच बनवाकर भेजा जाए?" नर्स ने पूछा।

"अच्छा, हैम एंड चीज ऑन राई," प्रणव ने कहा, "और एक ठंडी बियर।"

नर्स फोन पर हल्के-से हँसी, "हैम एंड चीज ऑन राई, साथ में ठंडा जूस। नौ बजे?"

"मैं आपको रिंग कर दूँगा।"

"आल राइट, अब आप आराम कीजिए।"

बाहर काफी ठंड पड़ती दिख रही है और सूरज का प्रकाश एकदम फीका-फीका-सा है। उसका जहाज तीन बजे पहुँचा है। उसे लिखा गया था कि एयरपोर्ट

पर उसे लेने कोई-न-कोई आएगा। प्रणव के पास सिर्फ एक ट्रैवल बैग है और अगले दिन इंटरव्यू में पहनने के लिए एक नया सूट, जो उसने न्यूयॉर्क में खरीदा है–सिर्फ इसी अवसर के लिए। उसे नौकरी की सख्त जरूरत है और वह अपने अन्दर एक बेचैनी-सी महसूस कर रहा है। नौकरी उसे मिलेगी, इसमें उसे संशय नहीं, मगर जब तक बात एकदम पक्की न हो जाए तब तक का इन्तजार उसे बर्दाश्त नहीं हो पा रहा है। डॉक्टर अहमद, जो उसे लेने आए थे, हैरानी से उसे देख रहे हैं, "डॉक्टर कुमार, बस यही है आपका सामान?"

"जी।" प्रणव अनमने भाव से कहता है। वह उनसे ज्यादा घुलना-मिलना नहीं चाहता। अगर यहाँ रहना है, तब आते ही बहुत दोस्ताने से बचना ही पड़ेगा। अपनी सफाई देना कभी भी उसकी आदत नहीं रही। "शहर एयरपोर्ट से तीस मील दूर है," कहते हुए डॉक्टर अहमद ने गाड़ी का दरवाजा खोला है। गाड़ी में पीछे बन्द दो बड़े-बड़े साइबेरियन कुत्ते उसे देखकर जोर-जोर से भौंकने लगे। उन्हें चुप कराते हुए डॉक्टर अहमद ने प्रणव से पूछा,"क्या आप सिर्फ यहाँ देखने-भालने के खयाल से ही आए हैं, रहने के खयाल से नहीं?"

"अगर मन लग गया तो रुक भी सकता हूँ," प्रणव ने शिष्टता से कहा।

डॉक्टर अहमद के होंठ कड़वाहट से खिंचकर रह गए, "इस जगह कोई सही दिमागवाला आदमी ज्यादा दिन नहीं टिकता। यहाँ का अस्पताल हमारे जैसे सिरफिरों पर ही चलता है।"

मैं भी किसी सिरफिरे से क्या कम हूँ, प्रणव ने सोचा। पुरानी कार्डराय की जींस और ऊँचे गले का स्वेटर, जिसके कीड़ा लगने से हो गए छेद उसके लबादे से ढके हुए थे। उसके दस्ताने बहुत महँगे और बढ़िया चमड़े के थे–उसकी वेशभूषा में एक विसंगति की तरह, उस पुरानी ऐश-आराम की जिन्दगी के अवशेष। यहाँ आने की बात होने पर उसने पुराने सन्दूकों को उलटा-पुलटा था, जिनमें न जाने कैसे एक जोड़ी नए और महँगे दस्ताने पड़े रह गए थे, शायद किसी ने कभी तोहफे में दिए होंगे। फिल्म के उपकरण तो उसके धीरे-धीरे बिक ही चुके थे। इस बार दोनों सन्दूक उसने खाली कर कबाड़ी को दे दिए और कपड़ों-लत्तों की गठरी बाँधकर सड़क के किनारे रख दी कि जिस किसी को जरूरत हो ले ले, नहीं तो अगली सुबह कूड़ेवाले उठा ही ले जाएँगे। अब यह नई शुरुआत थी–शायद एक साल के लिए–एक साल का कांट्रैक्ट अस्पताल

के चीफ ने उसे मौखिक रूप से फोन पर दे ही दिया था, सिर्फ दूसरे अधिकारियों से मिलने की औपचारिकता बाकी थी।

''यहाँ कितने डॉक्टर हैं?'' उसने डॉक्टर अहमद से पूछा।

''इक्कीस-बाइस–जिनमें तेरह पाकिस्तानी हैं मेरे जैसे, आपको मिलाकर आठ भारतीय होंगे। आपके रहने का तो कोई बंदोबस्त हुआ नहीं होगा, आज रात हमारे साथ ही रहें।''

बाहर एकदम अँधेरा-सा होने लगा, हालाँकि घड़ी में सिर्फ मध्याह्न के चार ही बजे थे। सपाट सड़क के दोनों ओर सफेद बर्फ के ढूह लगे हुए थे, जिन पर गाड़ी की हेडलाइट्स का उजाला फिसल-फिसल जाता। गाड़ी सीधी चली जा रही थी, बिना रपटे, बिना रुके, पीछे कुत्ते चुप थे, सिर्फ उनकी साँसें सुनाई दे रही थीं। ''मेरी बीवी कभी रात में मुझे अकेले नहीं जाने देतीं, बिना इन कुत्तों के। आपको परेशानी तो नहीं हो रही है?'' डॉक्टर अहमद ने देर के बाद सन्नाटे को तोड़ते हुए पूछा।

''नहीं, परेशानी क्या?''

''मुझे पूरी उम्मीद है कि आपको अस्पताल अच्छा लगेगा। जहाँ तक मशीनों का सवाल है, हमारे पास नई-से-नई और महँगी-से-महँगी हैं।'' डॉक्टर अहमद कुछ खिसियानेपन से हँसे, ''इस जलवायु में मशीनें बहुत ठीक चलती हैं, सिर्फ इनसान ही टूटते रहते हैं।'' कुछ रुककर बोले, ''अभी दो-तीन दिन पहले हमारे एक करीबी दोस्त ने खुदकुशी कर ली है। उससे हम सभी काफी हिले हुए थे। बीवी है, दो लड़के हैं।''

''तब तो आपको एयरपोर्ट आने की जहमत नहीं उठानी चाहिए थी।'' प्रणव ने कहा।

''नहीं, इतना तो करना हमारी जिम्मेदारी बनी है। एयरपोर्ट से इधर तक कोई यातायात भी नहीं है। आप जाते भी कहाँ और फिर सुइसाइड, ड्रग्ज, एल्कोहल, डाइवोर्स, यह सब इस गॉड फॉरसेकन जगह में आम बात है।''

''वह आपके अच्छे मित्र थे?'' प्रणव ने सिर्फ औपचारिकतावश पूछा। उसे लगा कि वह नहीं पूछेगा तब भी डॉक्टर अहमद उसे बताएँगे।

''जी हाँ, पिछले सात-आठ सालों से। मेरी तरह वह भी इंग्लैंड से आए थे। बड़े ब्राइट, बड़े पापुलर, मगर कमजोरी थी एल्कोहल की–एक मरीज ने उन पर गलत इलाज का केस कर दिया था, उसी सिलसिले में बर्खास्त भी हो गए। केस भी हार गए, बस तभी से जो डिप्रेशन शुरू हुआ, जान लेकर ही गया।''

डॉक्टर अहमद ने लम्बी साँस छोड़ी। प्रणव को ताज्जुब नहीं हुआ। इस ढर्रे से वह अच्छी तरह परिचित था। एक अन्तहीन-सी लगनेवाली यात्रा के बाद बस्ती के कुछ चिह्न नजर आए—दो-एक रेस्तराँ के बोर्ड, कुछ झिलमिलाती बत्तियाँ, गैस पम्प और सेकंड हैंड कारों की कतारें, जिनके ऊपर लगी झंडियाँ तेज हवा में फड़फड़ा रही थीं। प्रणव को शहर के बारे में न कोई जिज्ञासा थी, न कोई उत्साह। सभी अस्थायी डेरे एक-से ही होते हैं। उसे यहाँ रहना ही कितने दिन था! एक-डेढ़ साल की नौकरी, फिर उतने ही समय की यायावरी। बीमारियाँ वही थीं, उपचार वही थे, सड़े-गले को काटकर दूर कर देने की प्रक्रिया में उसके हाथ अभ्यस्त थे।

डॉक्टर अहमद ने घर के आगे गाड़ी रोक दी। कुत्ते भौंकते हुए गाड़ी से कूदे और पिछवाड़े जाकर लोप हो गए। घर के आगे मरी-मरी सी एक बत्ती जल रही थी। डॉक्टर अहमद ने दरवाजा खोला, प्रणव भी अपना ट्रैवल बैग लेकर साथ-साथ आया। सजे-सजाए ड्राइंग रूम में उसे बैठाकर डॉक्टर अहमद ने पुकारा, "हाइ हनी, आइम होम।"

उनकी पुकार पर दो स्त्रियाँ बाहर आईं। डॉक्टर अहमद ने परिचय कराया, "यह मेरी बीवी आस्मा और यह हमारी दोस्त नमिता।" प्रणव को लगा कि जैसे उन्होंने आस्मा और नमिता में चल रही किसी गूढ़ बात को डिस्टर्ब किया है, क्योंकि नमिता के चेहरे पर हल्के-से रोष की झलक थी, आस्मा भी काफी चिड़चिड़ाई-सी मालूम दे रही थी। प्रणव के अभिवादन का उत्तर देकर वह फिर नमिता से बोली, "नहीं-नहीं, इस आँधी-पानी में कहाँ जाओगी? आज भी यहीं रह जाओ।"

"मुझे जाने भी दो न आस्मा!" नमिता ने कहा, "कब तक तुम्हारे यहाँ पड़ी रहूँ?"

"जब तक हमारी मर्जी होगी, रहना पड़ेगा। बस।" आस्मा ने कहा।

"अब तो तुम्हें मेहमान-कमरे की जरूरत होगी।" नमिता ने प्रणव की ओर देखा नहीं, मगर उसका संकेत उसी की ओर है, यह जानकर प्रणव को कुछ आश्वस्ति हुई।

"इनका क्या है? रात को इसी सोफे पर सो जाएँगे। खुलकर आरामदेह बेड बन जाता है। नहीं, नहीं, मैं तुम्हें जाने नहीं दूँगी।" वह जैसे आई थी, वैसे ही कमरे से बाहर हो गई।

या तो वे लोग शाम का भोजन करते नहीं या उन्होंने दोपहर में इतना खा लिया होगा कि रात को खाने की जरूरत नहीं हुई। प्रणव के सामने भोजन

की बात नहीं हुई। डॉक्टर अहमद कुछ देर बैठे, फिर शाम को मरीजों का राउंड लेने चले गए। सारे घर में सन्नाटा रहा। आस्मा और नमिता भी न जाने कहाँ घुस गई थीं। सोफे पर बैठे-बैठे उसे झपकी आ गई और जब उसकी आँख खुली तो सब तरफ अँधेरा था। खिड़की के बाहर जैसी आवाजें हो रही थीं, उनसे उसने जान लिया कि बाहर हवा और भी तेज हो गई होगी। उसने बगल में रखा टेबल लैम्प जलाया और सोफे को थोड़ा आगे खिसकाकर खोला। एक तकिया, कम्बल और साफ चादर उसके अन्दर से निकली। बिस्तर बनाकर उसने कुछ देर तक इन्तजार किया कि शायद रोशनी देखकर कोई कमरे में आए। पर घर उसी तरह अँधेरे में ऊँघता रहा। ऊपर की मंजिल से, दूर कोने के कमरे से, हल्की-हल्की मशीनी हँसी की आवाज आई, शायद टेलीविजन पर कोई कामेडी शो चल रहा होगा। उसने उठकर इधर-उधर झाँका–रसोई में दोनों कुत्ते उसकी आहट पाकर उठकर बैठ गए, पर भौंके नहीं। प्रणव ने देखा कि खाने की मेज पर पनीर और मुर्गी के सैंडविच बने रखे थे, पास ही काँटा-छुरी भी था और औंधा हुआ साफ गिलास। प्रणव को थकान ज्यादा थी, भूख कम। वह खड़ा-खड़ा एक क्षण सोचता रहा कि वह क्या करे, यह खाए या नहीं। फिर उसे ध्यान आया कि अगर यह जगह और सैंडविच डॉक्टर अहमद के लिए हुए तो उसका बेतकल्लुफी से खा लेना कितनी अभद्रता होगी! वह सिर्फ गिलास लेकर लौट आया और बैग से बोतल निकालकर काफी मात्रा में उसने व्हिस्की उड़ेल ली। दो घूँट पीने के बाद उसे हमेशा की तरह अपने शरीर में एक गरमाई, सब ठीक हो जाने, की अनुभूति हुई। उसने दो बार अपने गिलास को काफी-काफी भरा, उसे खत्म करते-करते उसकी भूख मिट गई थी और एक अभ्यस्त ढीलेपन से आँखें झिंपने लगीं। वह कब कम्बल ओढ़कर सो गया, उसे खुद नहीं पता चला।

रात में कोई आहट हुई, शायद कोई खिड़की भड़भड़ाई या कोई कमरे में आया। प्रणव एकदम चौंककर जागा, फिर वह समझा कि उसकी नींद टूटी है। अपनी देह पर दूसरी देह का हल्का-सा दबाव पाकर। उसकी बाँह पर एक हाथ टिका हुआ है, कोई उसके पास आकर लेट गया है। घुप अँधेरे में चेहरा नहीं दीखता, न वह जानने की कोशिश ही करता है। उस स्तब्धता में उसने अपने दिल को धड़-धड़ करते सुना। बाहर शायद हवा एकदम थम गई थी। रसोईघर में कुत्ते भी चुप थे। अगर कोई स्त्री रात के अँधेरे में एक अपरिचित पुरुष के पास आकर लेट गई है, तो यह उस स्त्री की अपनी जरूरत, अपनी जिम्मेदारी है, प्रणव ने सोचा, लेकिन पुरुष उसकी आस पूरी करेगा, इसकी

पूरी गारंटी तो नहीं। उसके अन्दर एकदम ढेर-सी झुँझलाहट भर उठी। मैं कोई पशु तो नहीं–उसने सोचा–न कोई मशीन। मेरी भी कुछ इच्छाएँ हैं, और इस समय मेरी इच्छा किसी पचड़े में फँसने की बिलकुल नहीं है, साथ ही यह विचार उसके मन में कौंध गया कि यह कोई षड्यन्त्र तो नहीं? वह डॉक्टर अहमद के बारे में जानता ही क्या है? कहीं वह किसी स्वार्थ से बदनाम कर उसे शहर से निकलवाना तो नहीं चाहते? दो बार कम्बल से अपने को ढकते हुए उसने करवट बदलकर सोने का नाटक किया, जैसे कि वह नींद में सुगबुगाया है और स्थिति न समझकर फिर नींद में डूब गया है। उसने कुछ देर में किसी के बहुत आहिस्ता से उतरकर चले जाने की आहट सुनी तो उसने लम्बी साँस छोड़ी और दुबारा सो गया।

सुबह नाश्ते की मेज पर डॉक्टर अहमद और नमिता थी, मटमैले रंग की रेशम की साड़ी और गले में खूब बड़े-बड़े गुलाबी मोतियों की माला। उसका चेहरा सपाट था, भावहीन, आँखें एकदम अन्दर तक खाली, प्रणव को जैसे पहचानती ही नहीं। तो क्या वह आस्मा थी? प्रणव ने सोचा। उसने डॉक्टर अहमद को देखा जो कि बहुत नपा-तुला मक्खन पूरे टोस्ट पर फैलाने में व्यस्त थे।

प्रणव ने नमिता को एक बार फिर देखा और तभी आस्मा बिखरे बाल और रात के मेकअप सहित, बड़ी-सी जम्हाई लेती हुई रसोई में घुस आई। प्रणव को उसका छींट का पुराना बगल से फटा हुआ हाउसकोट और पूरा परिवेश देखकर कुछ वितृष्णा-सी हुई। आस्मा और नमिता दोनों ही अपनी-अपनी जगह नॉर्मल दिख रही थीं। क्या वह रात की घटना केवल उसकी शराबी कल्पना नहीं थी? जो भी हो, अपने से कहकर प्रणव ने बात मन-ही-मन दबा दी, आज यहाँ हर्गिज नहीं टिकना है। नाश्ते के बीच ही दो-तीन डॉक्टर और चले आए। उन्होंने प्रणव से हाथ मिलाए और फिर एकदम गमगीन मुखौटा लगाकर नमिता की ओर मुड़ गए, "क्या हाल है भाभी जी? आपको नींद ठीक से आई? कोई जरूरत हो तो बताएँ।" फिर एक चुप्पी जिसमें ऐसा अटपटापन था कि प्रणव को पूरी बात अपने-आप समझ में आ गई। नमिता की अपने में सिमटी-सिकुड़ी भाव-मुद्रा, यह सब सतही सहानुभूति, वह नमिता का ही पति रहा होगा, जिसने दो-तीन दिन पहले आत्महत्या कर ली थी। उसने एक झटके से पाया कि नमिता निःशब्द रोने लगी है।

रसोई में सब एकदम चुप हो आए। नमिता उठी और धीरे-से, बिना आहट किए चली गई। उसके उठने और निःशब्द चले जाने की मुद्रा में कुछ

पहचाना-सा था। अब एकदम अवाक्, स्तब्ध रह जाने की बारी प्रणव की थी। दो दिन की सद्यःविधवा? बहुत उदार और खुले होने के बावजूद प्रणव के मन में भारतीयता को कहीं ठेस लगी। दूसरे क्षण ही वह अपने संकुचित विचार पर स्वयं ही बेतरह लज्जित हो आया। एक यह पक्का नहीं कि रात में नमिता ही उसके पास आई थी, दूसरे यह जरूरी नहीं कि वह मृत पति की स्मृति की अवहेलना या उस सम्बन्ध का नकार ही हो। उसके पास आकर चुपचाप लेट जाना, एक बर्फीली, अन्धड़-भरी रात में किसी दूसरे व्यक्ति की थोड़ी-सी गरमाहट लेकर, अपने स्त्रीत्व, अपने आकर्षण को पुनः स्थापित करने का निष्फल प्रयास भी हो सकता है। आत्महत्या करनेवाले की बीवी वैसे ही अपने को पति द्वारा रिजेक्टेड महसूस करती हैं और उस पर प्रणव का आचरण, दुहरा रिजेक्शन। मुझे कम-से-कम उसकी उपस्थिति स्वीकार तो कर लेनी चाहिए थी। उठ सकता था। नमिता से बातचीत कर सकता था। न जाने वह कैसे दुःस्वप्न के बीच में रही होगी? उसे अपने ऊपर ग्लानि हुई, इसलिए नहीं कि उसने नमिता को अस्वीकार कर दिया, बल्कि इसलिए कि बिना स्थिति की जटिलता या दुरूहता जाने ही उसने नमिता को घटिया और चालू समझ लिया।

उसके बाद वह डॉक्टर अहमद के घर लौटकर नहीं गया। आसपास सौ डेढ़-सौ मील की परिधि में कोई अस्पताल नहीं था, इसलिए मरीजों की भीड़ लगी रहती थी। छुट्टी और सप्ताहांत में तो और भी ट्रैफिक-दुर्घटनाएँ और हार्ट अटैक। बिना किसी परिवार के और अकेले होने के कारण प्रणव को ही अक्सर छुट्टी और सप्ताहांत की ड्यूटी मिलती। उसके लिए सब दिन एक-से थे। उसे अकेले रहना अच्छा लगता था, यह जानते हुए भी कि साथ काम करनेवाली नर्सें और दूसरी स्त्रियाँ उसे तरह-तरह से रिझाने की कोशिश में रहती हैं, खाने और पार्टियों में बुलाकर, मीठी-मीठी नजरों से देखकर, हल्के-फुल्के मजाक करके, पर वह किसी भी सम्बन्ध के लिए, चाहे कितना भी अस्थायी क्यों न हो, अपने को एकदम अनुत्सुक पा रहा था।

नमिता अस्पताल में दो दिन काम करती थी, वॉलंटियर की तरह। उसकी ड्यूटी थी नए मरीजों को भर्ती कर उनके कमरे तक पहुँचाना। प्रणव आते-जाते अक्सर उसे देखता। उसने कोने में छोटे कंप्यूटर और टाइपराइटर के पीछे, कोमल और बहुत धीमी आवाज में रोगियों से बात करती हुई, कभी आँखें मिलने पर हल्का-सा, अधिकतर मौन अभिवादन। कैसी है यह स्त्री, प्रणव उन मौकों पर अपने को सोचते हुए पाता—शान्त, निरुद्वेग, चेहरे पर न

शोक, न किसी संताप की परछाईं। जैसे उसने अपने अन्दर स्थिरता का केन्द्र-बिन्दु पा लिया हो और उसी पर टिकी हो, बिना हिले हुए। सुनी-सुनाई बात कान में पड़ी थी कि जर्नादन के जीवन बीमा की भारी रकम उसे मिली है, काम करने की जरूरत नहीं है, पर सामाजिक दायित्व से वह अस्पताल में अवैतनिक काम करती है, लड़के दोनों स्विट्ज़रलैंड में पढ़ते हैं। एकदम अकेली रहती है। अपने में लीन।

कभी-कभी उसे देखकर प्रणव को लगता कि उस रात की बात उसके अपने नशे की फैंटेसी थी, वैसा कुछ नहीं घटा था। पर अपनी बाँह पर शरीर का दबाव एक झूठा सपना नहीं था। प्रणव को अपने आचरण पर जरा भी खेद नहीं था, किसी और के अपनी ओर आकर्षित होने से खुश होने के दिन गए, वह सब बहुत मिला भी और उसने काफी मुक्त रूप से बाँटा भी, पर अब उसे अपना तापस अकेलापन इतना मन भाता था कि उसे किसी भी मूल्य पर त्यागने को तैयार नहीं था। फिर भी कभी-कभी किसी व्यक्ति में कुछ भला-भला सा देखकर दूसरों से तुलना करने का मन हो उठता है। प्रणव सोचता, क्या आवेश और पागलपन की सीमा तक अनु का पहुँच जाना जरूरी था? क्या वह सब ऐसे धीरज से नहीं सह सकती थी? क्या जरूरी था वह सब ड्रामा और सीन? उन अनुदार क्षणों में वह यह भी अपने को याद दिलाता कि अनु छोटी थी, भीरु और निर्भर, उसकी नमिता के चट्टान जैसे व्यक्तित्व से तुलना करना ठीक नहीं है। उन दिनों न जाने क्यों बार-बार अनु का खयाल आ जाता! शुरुआत की सिर्फ एक जिज्ञासा से कि दस वर्षों में समय और भाग्य ने उसके साथ कैसा खेल खेला होगा? प्रणव हर बार इस जिज्ञासा को वहीं-की-वहीं दबा देता। डॉक्टर अहमद ठीक ही कह रहे थे, इस ठंडी, उजाड़ जगह बसनेवाले सिरफिरे ही होंगे। साल में आठ-नौ महीने बर्फ ही गिरती रहती है, सूरज ग्यारह बजे उगता है और चार बजे से पहले ही डूब जाता है, उसके बाद एक स्याह, भुतैला अँधेरा आकर जम जाता है और उसी के साथ गाढ़ी-गाढ़ी घनी उदासी मन पर गुंजलक बाँधकर बैठ जाती है। प्रणव को लगता है कि ऐसे वातावरण में पागल हो जाना, आत्महत्या कर लेना अस्वाभाविक नहीं। ठंड भी कैसी कि कपड़ों को परत-दर-परत भेदकर खून को जमा देती है और हर दिन एक-सा, बरफ और बरफ, कभी ठंड ज्यादा, कभी ठंड कम। बिगड़ी हुई गाड़ियाँ सड़कों पर जगह-जगह दिखाई देती हैं और उलटी हुई गाड़ी का किनारे पड़ा देखना भी अजीब नहीं लगता। जगहें और चेहरे बदल जाते हैं, पर प्रवासी भारतीयों का

रहन-सहन, पसन्द और आदतें नहीं बदलतीं। वही पैटर्न, चाहे कैलीफोर्निया हो या उत्तरी कैनेडा। प्रणव का सबकुछ पहचाना है। एक बार उसे पीछे छोड़ आने पर दुबारा उसी माहौल में प्रवेश करना उसे बहुत उबाऊ और खाली लगता।

छुट्टी के दिन वह कैमरा और बैकपैक लेकर दूर-दूर निकल जाता है, भुरभुरी बर्फ उसके भारी बूटों के नीचे कराहती है। भूख लगने पर किसी एकान्त जगह बैठकर बैकपैक से सैंडविच निकालकर खा लेता है। टूटी टहनियाँ बटोरकर आग जलाता है और उस पर कॉफी गरम करके पीता है और सर्दी से नीली पड़ गई उँगलियाँ तापता है। कितना सुखद शान्तिदायक है यह सन्नाटा, यह बर्फानी लैंडस्केप। प्रणव को अपनी भटकन, अपने अन्दर की आँधी कुछ थमती लगती है। वह आसपास से बर्फ बटोरकर धीमी पड़ती आग पर डाल उसे बुझा देता है। फिर अच्छी तरह उसे दबाकर वह उठ खड़ा होता है। उजली, कुँवारी, अनछुई बर्फ पर उसके पदचिन्ह छाप छोड़ते चलते हैं, और दिन ढलते-ढलते वह लौट आता है। कभी-कभी तेज अन्धड़ उठता है, तब वह अपने कमरे में आग जलाकर सारे दिन अन्दर बन्द रहता है, कुछ पढ़ता है या संगीत सुनता है और शराब पीता है। कभी-कभी उठकर खड़ा हो जाता है, ऊँची मंजिल की खिड़की से बाहर देखता रहता है, हवा पेड़ों की नंगी शाखों को झकझोरती है और हू-हू करके शीशों पर धक्के मारती है। नीचे सड़क, मैदान, इमारतों पर बर्फ के थक्के-के-थक्के जमते जाते हैं।

प्रणव को आए कुछ ही महीने हुए थे। अस्पताल ने बिना पूछे ही कांट्रैक्ट तीन साल के लिए बढ़ा दिया। उसे ताज्जुब हुआ, पर ज्यादा नहीं। अभी कोई निर्णय लेने की जल्दी नहीं है, काफी समय है। सभ्यता के छोर पर यह बर्फानी इलाका प्रणव को अच्छा लगने लगा है, एकान्त और मनन के लिए, आत्मविश्लेषण के लिए और अन्तर्दृष्टि के विकास के लिए इससे अच्छी जगह और क्या होगी! पर तीन साल के लिए एक जगह बँधकर रहना उसके लिए सम्भव हो जाएगा, यह वह नहीं जानता। जब तक अच्छा लगेगा, रहेगा, नहीं तो चल देगा, अपने से यह कहते हुए वह कांट्रैक्ट को एक कोने में ठूँस देता है। अगर निर्लिप्तता में कोई सुख है, तो प्रणव ने वह पा लिया है। वह अपने कीड़ों द्वारा खाए स्वेटर एक-दूसरे के ऊपर पहनता रहता है। हर स्वेटर में अलग-अलग जगह छेद हैं, इसलिए देखनेवाले को पता लग जाता है कि उसने कितने स्वेटर पहन रक्खे हैं, क्योंकि हर छेद के नीचे से नया रंग झाँकता दिखाई देता है। उसे मालूम है कि नर्सों के बीच उसके स्वेटरों को

लेकर बहुत चुहल होती है और बाहर का तापमान उसके स्वेटरों से नापा जाता है। आज तीन स्वेटरों वाली सर्दी है, आज चार स्वेटरों वाली–नर्सें हमेशा दूसरों को रिपोर्ट देती हैं। "अगली बार मैं सिर्फ एक रंग के छह स्वेटर खरीदूँगा, तब देखूँगा..." वह नर्स से कहता है, उसके छेद-भरे मोजे, घिसी हुई कोहनियों वाली जैकटें, कहीं न टिकने, किसी से न जुड़नेवाले जीवन-दर्शन के सन्दर्भ में एकदम ठीक लगते हैं, कम-से-कम उसे। कभी-कभी उसे यह बहुत अजीब-सा लगने लगता है कि एक समय वह बड़े-से घर में, सुन्दर-सी बीवी के साथ रहता था, तीन पीस के सूट पहनता था, मर्सेडीज रखता था। एक-एक करके वह हरेक Possession के प्रति निर्मोही हो गया है, लगाव बचा है तो अब भी अपने फोटोग्राफी के कैमरे से और मौका मिलने पर पसन्द की शराब से।

प्रणव की गाड़ी ने बीच रास्ते में दम तोड़ दिया। प्रणव नीचे उतरा इधर-उधर देखता हुआ कि सड़क पर किसी गाड़ी को रोके और लिफ्ट माँगे। जो पहली गाड़ी रुकी है, उसमें नमिता थी, फर के हुड में लिपटे चेहरे से दो शान्त गहरी आँखें उसे अनचीन्हे भाव से देखती रहीं। फिर जैसे वह झटका-सा खाकर जाग गई, "डॉक्टर कुमार...अस्पताल जा रहे हैं! आइए, मैं आपको छोड़ दूँगी।" चूँकि वह उधर ही जा रही थी, इसलिए प्रणव साथ बैठ गया। उस दिन अस्पताल में कुछ ज्यादा ही व्यस्तता थी। ढाई बजे कैफेटेरिया में वह कुछ मिनटों के लिए लंच लेने गया है, तो उसके पास खड़ी होकर नमिता ने कहा, "आपने गाड़ी का कुछ किया?"

"मुझे समय ही नहीं मिला।" प्रणव ने कहा।

"आप कहें तो मैं गैराजवाले को फोन कर दूँ?"

"धन्यवाद!" प्रणव ने कृतज्ञता से कहा। फिर वह घड़ी देखकर हड़बड़ाता हुआ वापस चला गया।

उसी व्यस्तता में उसे सन्देश मिलता है, "गाड़ी गैराज में पहुँच गई है, दो-तीन दिन में मिलेगी।" वह स्वयं सन्देश भेजता है, "अगर आपको असुविधा न हो तो, क्या आपके साथ वापस जा सकता हूँ?"

जब वह शाम को निकला तो नमिता उसका इन्तजार कर रही थी। गाड़ी में साथ बैठते हुए उसने एक बहुत भीनी-भीनी खुशबू महसूस की, जो सुबह आते समय नमिता निश्चय ही नहीं लगाए थी। उसका घर पहले आने पर

वहाँ नमिता के मृदु आग्रह पर उतर जाना, रात का खाना खा लेना और रात को रुक जाना, सबकुछ बहुत स्वाभाविक ढंग से हुआ। जैसे कि यह तो होना ही था।

नमिता स्वयं पीती नहीं है, न घर में शराब रखना ही उसे पसन्द है। वह पानी का गिलास प्रणव को पकड़ा देती है और पलँग के सिरहाने से टिककर बैठ जाती है। वह कहती है, "आपने मेरे बारे में न जाने क्या-क्या सुना होगा, न जाने क्या-क्या सोचा होगा—मगर वह सबकुछ वैसा नहीं है, जैसा दीखता है, वैसा तो बिलकुल नहीं।"

"यह सब कहने की जरूरत नहीं है।" प्रणव ने कोमलता से कहा।

"पर मैं आपको बताना चाहती हूँ।"

"फिर कभी," प्रणव ने कहा।

"लोग तो जनार्दन की मृत्यु के लिए मुझे ही दोष देते हैं। मगर मैं बहुत कुछ करना चाहकर भी कुछ नहीं कर पाई। पीते तो हमेशा से थे, केस हार जाने और बेकार होने के बाद तो और भी। किसी प्रकार की मदद उन्हें स्वीकार ही नहीं थी।" नमिता ने लम्बी साँस ली, "एक रात शायद उन्होंने काफी मात्रा में ड्रग्ज ले ली, शायद अनजाने में, मैं सुबह नीचे आई तो देखा कि सीढ़ियों के नीचे पड़े हैं। मर चुके थे।"

"अब तुम क्या करोगी?" प्रणव ने पूछा।

"मालूम नहीं—बच्चे हैं, पढ़ेंगे-लिखेंगे—कुछ बनेंगे..." उसके बाद नमिता चुप हो गई, जैसे इतना काफी था। इतना तो प्रणव से कहना ही था। जर्नादन के प्रति कोई शिकायत नहीं, जिन्दगी जो भी दे, उन्हीं पत्तों की बाजी चुपचाप खेलना।

साफ-सुथरा, करीने से एक छोटा-सा पार्सल-सा बँधा यह सम्बन्ध प्रणव ने धीरे-धीरे स्वीकार कर लिया—न कोई अपेक्षा, न कोई अधिकार। कभी सप्ताह में कई दिन साथ बीतते, कभी बिना मिले हफ्ते निकल जाते, मिलने पर न अपराध-भावना, न ग्लानि। केवल एक सहज, सामान्य भाव, कुछ बाँटने और बँटा लेने की अनुभूति, गहरे बँधने का न प्रणव के पास समय है, न अभिरुचि और नमिता को भी यही ठीक लगता होगा। नमिता पर कोई दबाव नहीं है, न उसकी कोई विवशता ही है।

एक रात प्रणव बहुत बेचैनी और सीने में शूल-जैसे दर्द के साथ जागा, मुझे हार्ट अटैक हो रहा है, उसने सोचा, एम्बुलैंस बुलाना चाहिए और अँधेरे में ही टेलीफोन की तरफ हाथ बढ़ाया। उसने पूरी आँखें खोलकर देखा है और

पहचाना कि वह नमिता के कमरे में, नमिता के पलँग पर पड़ा है। मेरा यहाँ मरना ठीक नहीं होगा—उस विकट स्थिति में भी उसे खयाल आया। शायद उसकी कराह सुनकर नमिता जाग गई। उसने खट्-से बत्ती जलाई और प्रणव को देखकर झटके से उठकर बैठ गई। फिर दर्द के साथ डूबती चेतना में उसने कहा, ''एम्बुलेंस...'' नमिता ने शॉल खींचकर ओढ़ ली और पलँग से उतरकर उसने अलमारी खोली, जल्दी ही एक सुई उसकी बाँह में चुभी। नमिता ने उसे इंजेक्शन दिया। फिर वह एम्बुलेंस को फोन करने लगी और हाथ से प्रणव का चुहचुहाता पसीना हल्के-हल्के पोंछने लगी।

इंटेंसिव केयर यूनिट में प्रणव की आँखें खुलती हैं। कुछ मिनटों में नमिता अन्दर जाती है और निःशब्द उसके माथे पर हाथ रख देती है।

''थैंक्स...'' प्रणव कहता है। नमिता चुप रहकर उसे देखती है। उसका चेहरा एकदम ढीला हो आया—कोमल, आघात योग्य।

प्रणव की हालत स्थिर होने में तीन-चार दिन लगते हैं, नमिता वहाँ हरदम रहती है, अस्पताल से वह प्रणव को घर ले आती है, अपने घर।

''तुम यह सब क्यों कर रही हो? एक स्ट्रेंजर के लिए?''

''मैं तुम्हें मित्र मानती हूँ।''

''मैं कोई वादा नहीं करता।'' प्रणव ने ढाल से अपने को बचाने की कोशिश की।

''तुमसे कुछ माँग ही कौन रहा है?'' नमिता ने समस्वर में कहा।

प्रणव की नमिता के घर में उपस्थिति परिचितों, अस्पताली सहयोगियों ने बहुत सहजता से स्वीकार कर ली, जैसे यह स्वाभाविक और उचित ही हो कि नमिता के पति से खाली करा लिए गए स्थान पर आनेवाला डॉक्टर उसके जीवन का नया पुरुष भी होगा। प्रणव बार-बार कहता है, ''मैं बहुत अनडिपेंडेंट और अनरिलायबल हूँ, कहीं टिककर नहीं रहता, ऊबता हूँ तो चल देता हूँ।''

''तुम्हारे कामकाज से यह नहीं लगता कि तुम ऐसे हो।''

''वर्क एथिक दूसरी बात है,'' प्रणव ने कहा, ''एक बहुत ईमानदार वर्कर भी निजी जिन्दगी में बास्टर्ड हो सकता है।''

नमिता विश्वास से कहती है, ''तुम क्या हो, यह अपने लिए मुझको ही तय करने दो।''

प्रणव तब वहीं रह गया। उसे नमिता का साथ बुरा नहीं लगता था। इस सम्बन्ध में प्रणय नहीं था, उद्वेग या पागलपन नहीं था, एक मैत्री थी, एक

सहजता, हर चीज में बराबर के साथी, हर निर्णय में बराबर की स्वतन्त्रता। जिन्दगी में सिर्फ एक ही रिश्ता नहीं होता–पति-पत्नी का। स्त्री-पुरुष सम्बन्धों के अनेक पहलू होते हैं, जैसे उसका नमिता से सम्बन्ध, जो न युवा थी, न सुन्दर, एक पढ़ी-लिखी, समझदार और परिपक्व स्त्री, जो कि जिन्दगी में नए खतरे लेने को तैयार थी, उसका मूल्य भी चुकाने को। वह जनार्दन से शादी, उसके पद की प्रतिष्ठा और जीवन बीमे से मिली बड़ी रकम...शायद इसका मूल्य भी चुका चुकी थी। उसे अब किसी बात का डर लगता नहीं दिखाई देता था। उसकी स्थिति बहुत ही आघातयोग्य थी, पर उसने कभी प्रणव को जताया नहीं। सच तो यह था कि प्रणव को अक्सर पता ही नहीं चलता कि नमिता क्या सोचती है या क्या सोच रही है। अपने क्षण-क्षण उठते, बदलते विचारों को हर समय प्रणव को जताना उसकी आदत नहीं थी और वह प्रणव को खुलेपन की अनुभूति देती थी। प्रणव को हमेशा अपने विचार अपने तक ही रखने की आदत थी। फीके-फीके रंगों के मोटे रेशम की साड़ियों में लिपटा नमिता का छरहरा, गठा शरीर जितना उसका परिचित हो चला था, वह स्त्री उतनी ही अपरिचित और अनजान बनी रही थी। नमिता का मौन उसकी भावनाहीनता का प्रतीक है या उसकी गहराई का, यह प्रणव ने जानने की कोशिश नहीं की। वह जितना बँधा था, उससे अधिक नहीं बँधना चाहता था। उसकी जिन्दगी पर किसी का दावा नहीं था। कभी भी उठकर चल देने का विकल्प वह अपने पास रखना चाहता था, यह जानते हुए भी कि कभी भी उसे चले जाने को कहने का अधिकार नमिता को भी है। वह यह भी जानता था कि नमिता उसे रोकेगी नहीं, जब तक राह खुली थी, प्रणव को बंदी बनकर रहने में आपत्ति नहीं थी। दिल के दौरे और दो बाइपास ऑपरेशन के बाद उसने यह भी जाना कि एक जगह से उठकर दूसरी जगह जाने का आकर्षण अब उतना तीव्र नहीं रह गया है।

ऑपरेशन के बाद, ठीक होते हुए वह एक दिन अचानक नमिता से पूछ बैठा, "मुझसे शादी करोगी?"

नमिता ने उसे सीधी दृष्टि से देखा, "तुम्हें जरूरत लगती है?"

"तुम्हें नहीं लगती?" प्रणव ने प्रश्न दोहरा दिया।

नमिता ने कहा, "जो शादी हुई थी वही नहीं निभ पाई–नहीं, मुझे शादी की जरूरत नहीं लगती। मगर, अगर तुम चाहते हो ही तो मना नहीं करूँगी।"

"तुम बहुत बहादुर स्त्री हो नमि..."

“हमेशा से नहीं थी,” नमिता कृपणता से मुस्कुराई।

“कैसे हो गईं?”

“जिन्दगी ने बना दिया, और तुम्हारे साथ ने...”

“मेरे साथ ने?”

“रोज जागकर जब तुम्हें पास लेटा पाती हूँ तो मधुर आश्चर्य होता है कि तुम रात में उठकर चले नहीं गए हो। तुम जब बाहर जाते हो तो लगता है कि शायद तुम लौटकर न आओ। अपने को मैं हर वक्त उस सम्भावना के लिए तैयार करती रहती हूँ।”

“तब तो तुम्हें निराशा ही होगी अगर मैं स्थायी रूप से टिका रहूँगा।” प्रणव ने उसे खिजाया।

नमिता ने अनायास अपने बालों को छुआ, “तुममें इतना कमिटमेंट है?”

“मैं शादी को राजी हूँ या नहीं?” प्रणव ने अपने को बचाते हुए पूछा।

नमिता उठ खड़ी हुई। वह मुरझाए हुए गुलाबों के रंग की साड़ी पहने हुए थी। उस मोटी साड़ी में वह बहुत नाजुक और कृश-सी लगी, “मुझसे कुछ समय बाद फिर पूछना।”

मगर प्रणव ने उसके बाद नहीं पूछा। ऑपरेशन के कुछ समय बाद ही उसे दिल में फिर तकलीफ-सी मालूम होने लगी। घाव अभी भरा भी न था, शायद नई शिरा के निरोपण में कुछ समस्या खड़ी हो गई होगी। प्रणव यह दर्द झेलता रहा, बिना नमिता को बताए।

एक दिन बैठे-बैठे उसे लगा कि उसे पता करना ही होगा कि अनु कहाँ है? कैसे है? उसकी जाँच कैनेडा में कहीं भी हो सकती थी, उसके लिए बोस्टन आना जरूरी नहीं था। वह एक निमित्त था, अपने को समझाने के लिए और नमिता की तसल्ली के लिए। वह कई बार कहीं और पूरी तरह जाँच कराने को कह चुकी थी। पर वह अपने मुँह से नहीं कहना चाहता था, “सुनो नमिता, मेरी ओपेन हार्ट सर्जरी पूरी तरह सफल नहीं हुई। घाव अभी कच्चा है। इस बीच अगर मुझे फिर दौरा पड़ा तो वह घातक हो सकता है। मेरी सिर्फ एक जिम्मेदारी बची है अपने प्रति कि एक बार अनु से मिलकर अपनी तसल्ली कर लूँ।”

उसने चलते-चलते मुड़कर नमिता को देखा, नमिता ने बहुत मन्द कंठ से कहा, “जल्दी ही लौटना...”

“देऽऽखो...” प्रणव ने सतर्क उत्तर दिया।

दरवाजे का खुलना या पैरों की चाप प्रणव को बिलकुल नहीं मालूम हुई। आँख खोलने पर कमरे की बहुत मद्धिम रोशनी में पलँग के पास खड़ी स्त्री को देखकर उसे लगा कि शायद डॉक्टर रात का आखिरी राउंड लगाने आई होंगी, पर वह अनु थी। प्रणव ने हाथ बढ़ाकर टेबल लैम्प जला दिया, ''कब आईं?'' उठकर बैठते हुए उसने पूछा।

''बस, अभी-अभी।''

वह क्षण वहीं ठिठक गया, प्रणव की दृष्टि अनु पर अटककर रह गई। पिछले कई महीनों की उलझनें और कशिश, असमंजस के बाद निर्णय–इन सबको पार करता, ठेलता हुआ यह क्षण आ ही गया, जबकि अनु उसके सामने खड़ी है। प्रणव को लगा कि तेज बुखार उतरने की कमजोरी उसके शरीर में व्याप रही है।

''अनुऽऽ,'' उसने कहा। यह न सम्बोधन है, न प्रश्न; एक विस्मय और फिर छोटी-सी एक खुशी, ''अनुऽऽ,'' उसने दुबारा कहा, ''अनु, अच्छी हो न?''

अनु ने कहा, ''और आप कैसे हैं? यहाँ कैसे आना हुआ?''

इन प्रश्नों के उत्तर की दोनों में से किसी को अपेक्षा नहीं है। फिर प्रणव ने उस तनाव-भरी दूरी को छोटी-सी अचरज-भरी हँसी से ढाँप लिया, ''तुम तो पहचानी नहीं जा रही हो!'' अनु के चेहरे पर भी हल्की स्मिति की आभा है। वह अब तक कुछ टेढ़ी, दर्प-भरी मुद्रा में खड़ी थी, सहसा सहज हो गई। वह अब सीधी आँखों से प्रणव को देख रही है। उसके हाथ उठे और बहुत हल्की-सी दूरी तक ही आगे बढ़कर संकोच-भरे बच्चों की तरह फिर जेबों में जा दुबके। उसके कमर तक घने, लहराते बाल अब एकदम छोटे तराशे हुए काले कनटोप की तरह उसका चेहरा घेरे हुए हैं। चेहरे पर मेकअप बिलकुल नहीं है, न वह टिकुली, न नाक पर पहचानती हुई पाँच हीरोंवाली लौंग। वह नेवी ब्लू स्कर्ट और सफेद ब्लाउज पहने है। उसके ऊपर डॉक्टरी कोट।

''बैठो।''

अनु ने कुर्सी पास खिसकाई, निःशब्द और बैठकर पूछा, ''हार्ट ट्रबल है क्या? कब से बीमार हैं?''

प्रणव ने उतरकर खूँटी पर टँगा हुआ ड्रेसिंग गाउन पहन लिया और फिर पलँग पर ही बैठता हुआ कहता है, ''कुछ खास बात नहीं है, कुछ टेस्ट-वेस्ट होने हैं,'' उसकी आवाज में लापरवाही है।

''हार्ट के?'' अनु पूछती है। हालाँकि इस सवाल की भी जरूरत नहीं है। अस्पताल का यह हिस्सा ही दिल की बीमारियों का है।

प्रणव हाथ से संकेत करता है जैसे इस विषय में बात ही क्या हो सकती है, ''तुम अपनी बताओ–क्या काम करती हो?''

''कैंसर रिसर्च में–इसी हॉस्पिटल में...''

अनु की आवाज तक बदल गई है। उसमें सहमे हुए बच्चे के संकोच या घबराहट का-सा पतलापन नहीं है।

''कब से?''

''अभी साल-भर से...'' अनु कहती है, फिर जोड़ती है, ''मेडिकल स्कूल से निकलने के बाद से ही।''

''क्या पोजीशन है?'' अपने स्वर का अधिकार उसे स्वयं चौंकाता है।

''वही–जो जूनियर पैथोलॉजिस्ट की होती है, दिव्या ने आपको नहीं बताया?''

प्रणव ने आदतन सिगरेट होंठों में लगा ली। झक-से लौ उसके सिरे में छुआकर गहरा कश खींचते हुए कहता है, ''तुम तो जानती ही हो, दिव्या से कुछ भी कबुलवाना बड़ा मुश्किल है...'' उसने धुएँ का गोल-गोल छल्ला बनाकर छत की तरफ धकेल दिया और जब तक वह छल्ला बिखर नहीं गया, उसे देखता रहा। इस पूरी बात की नाटकीयता में अपने को उलझाकर कुछ क्षण बटोरे। क्या हम इतने दूर, सचमुच इतने अजनबी हो गए हैं कि समय की इस खाई को छिटपुट बातों से भर रहे हैं?

''कैसे हैं वे लोग–दिव्या और जयन्त?''

यह जानते हुए भी कि प्रणव को दिव्या या उसकी कुशलक्षेम में कोई दिलचस्पी नहीं है, फिर भी अनु जवाब देती है। बातचीत जैसे चल रही है, उसे वैसे ही स्वाभाविक सहज ढर्रे पर चलने देने में ही अनु की स्वयं सुरक्षा है। उसे डर है कि एक बार बात के व्यक्तिगत मोड़ लेने पर वह न जाने क्या कह बैठे, ''जयन्त की तो नौकरी कई साल पहले ही खत्म हो गई, फिर मिली ही नहीं। आजकल हाउस हसबैंड है, घर देखते हैं। दिव्या एक कॉलेज में असिस्टेंट प्रोफेसर है।'' दोनों के बीच सन्नाटा आ जाता है। प्रणव सिगरेट पीते-पीते अनु पर आँख डाल देता है। कहाँ गई वह भोली-भाली, मीठी-मीठी लड़की, गुड़िया-जैसा जगमगाता चेहरा। अब पहली नजर में वह रूप आँखों में नहीं टकराता। दीखती है एक आत्मविश्वासी, सन्तुलित, लापरवाह-सी सादगी से भरपूर एक पूर्ण युवती, पर आँखें वही हैं–काली, तरल, पानीदार। प्रणव को मानना पड़ा कि इन दस सालों ने अनु के साथ न्याय किया है, उसे निखारा

है, तोड़ा नहीं। जिस पगली-सी बौराई लड़की को वह छोड़कर चला गया था, क्या वह यही है–प्रखर, मौन, स्थिर?

"आप बहुत कमजोर हो गए हैं। लगता है, देखभाल..." अनु अचकचाकर चुप हो गई–शायद उसे लगा हो कि उसकी आवाज में एक बीवीपन की खनक आ गई है, पुराने सम्बन्धों की अनुगूँज–उसने फिर स्वर बदलकर कहा, "लगता है कि काफी बीमार रह चुके हैं...।" यह एक डॉक्टर का स्वर था, एक मित्र का।

प्रणव पहली बात और दूसरी बात के लहजे का फर्क समझता है, "उमर भी तो हुई...।" उसने कहा।

अनु चुप रही, कमरे का दरवाजा बन्द है और बाहर से कोई भी शब्द, कोई भी आवाज नहीं आती। फिर प्रणव सिगरेट कुचलता हुआ बोला, "यह बताओ कि यहाँ आसपास कहीं कुछ पीने को मिलेगा? शाम से ही बहुत क्रेविंग हो रही है। बाहर जाना पड़ेगा क्या?"

"बाहर जाने की जरूरत नहीं है।" अनु ने कहा। सिरहाने की मेज पर ट्रे में रखे हुए उसने दोनों गिलास उठा लिए, जग हिलाकर देखा, पानी भी था, बर्फ भी। फिर उसने अपने झोले में से जॉनी वॉकर व्हिस्की की एक बोतल निकालकर सामने की मेज पर रख दी। प्रणव हैरानी और कुछ खुशी से देखता है, जॉनी वॉकर व्हिस्की, और वह भी काले लेबलवाली? अनु को यह याद रहा? अनु बहुत ध्यान से गिलास में उड़ेल रही थी, फिर उसने पानी के साथ बर्फ डाली, एकदम सही मात्रा में, न थोड़ी कम, न थोड़ी ज्यादा–प्रणव की ठीक-ठीक पसन्द की, और गिलास उठाकर प्रणव को थमा दिया। दूसरा गिलास उसने स्वयं उठा लिया और कहा, "पुनर्मिलन पर..." उसके स्वर में आच्छन्न व्यंग्य पर प्रणव मुस्कुरा आया, "पुनर्मिलन पर..." एक लम्बा-सा घूँट लेकर उसने पूछा, "तुम हमेशा ही झोले में बोतल लेकर चलने लगी हो क्या?"

अनु हँस दी, दोनों के बीच के मौन तनाव को तोड़ती हुई हल्की, मीठी हँसी। उसके पतले चेहरे पर आँखें बहुत बड़ी और असाधारण रूप से चमकीली लग रही थीं।

"मुझे डर था कि आपको यही इम्प्रेशन होगा। न जाने क्यों आज लगा कि शायद इसकी जरूरत पड़े।"

"क्यों? क्या बिना पिए तुम मेरा सामना नहीं कर सकती थीं?"

"मैं आपसे डरती नहीं हूँ..."

"यह तो मैं देख रहा हूँ। पर तुम पीने कब से लगीं?"

"मुझे एकदम पियक्कड़ समझ रहे हैं," अनु बुरा-सा मानकर उसकी ओर देखने लगी, "कभी-कभार–बहुत प्रेशर या टेंशन होने पर ही–मुझे मालूम होता तो आपके लिए फूल या कोई मिस्ट्री नावेल ले आती, इसकी जगह।" उसने अपने गिलास में झाँका।

"अरेऽ, तुम तो रूठ गईं।" कहते हुए प्रणव ने बिना सोचे उसका हाथ पकड़ लिया। अनु का हाथ गर्म था, गुनगुना, कामकाजी औरत का हाथ, कड़ा और कर्मठ। उसने हाथ छुड़ाया नहीं, वैसे ही बैठी रही। उसमें कोई जुम्बिश नहीं उठी। पर उसके चेहरे पर कुछ रंग आए और वह पीली पड़ गई।

"रूठने की आदत छोड़ी नहीं अभी तक..." प्रणव ने सहज भाव से कहा।

"आपने कुछ आदतें छोड़ी हैं क्या?"

"अनु, तुम मेरी जिन्दगी पास से देखोगी तो विश्वास नहीं करोगी। सिवा सिगरेट...और कभी-कभी शराब के...सभी पुरानी आदतें छूट गई हैं।" फिर अनु का संयत गम्भीर चेहरा देखकर अपना उपहास स्वयं करते हुए बोला, "शायद इसीलिए इतना बीमार रहने लगा हूँ।"

पर अनु हँसी नहीं, होंठों के कोने मुस्कुराने के प्रयत्न में हिलकर रह गए।

"दिल का दौरा पड़ा था?"

"हाँ–काफी क्षति हो गई थी। दो बाइपास हुए थे–इधर फिर कुछ तकलीफ रहने लगी है–आ रहा था, सोचा कि जाँच करा लूँ।"

अनु धीरे-धीरे गिलास हिलाने लगी, जैसे उसका पूरा ध्यान बर्फ की खनखनाहट में ही बसा हुआ हो! जैसे प्रणव की बात उसने सुनी ही नहीं! फिर वह उठकर बड़े सहज ढंग से प्रणव के अस्पताली पलँग के पाँयताने बैठ गई। प्रणव के पैर थोड़े हटाकर जगह कर दी, जिससे वह आराम से बैठ सके। अनु का कसा चेहरा कोमल हो आया, "आजकल कहाँ हैं?"

"कैनेडा में, नोवास्कोशिया के एक छोटे-से शहर में।"

"डॉक्टर?"

"हूँ।"

कहते-कहते प्रणव को लगा कि वह यह दृश्य पहले कितनी बार जी चुका है। वह रात को सोने से पहले पलँग पर अधलेटा आखिरी ड्रिंक ले रहा है, अनु सब काम खत्म करके आई है और पाँयताने बैठ गई है। व्हिस्की खत्म करके वह बत्ती बुझाएगा और पाँयताने बैठी अनु उसके पास सिमट आएगी।

उसे शुरू-शुरू में हमेशा लाज लगती है। उसी दृश्य के एक हिस्से से जुड़ी नमिता दिखाई देती है। वह मोटे रेशम की फीके रंग की साड़ी पहने बरामदे में अकेली खड़ी है, बरामदे में छत तक चढ़ी है चटक बैंगनी रंग की बेगनबेलिया–नमिता सूनी डबडबाई आँखों से प्रतीक्षित मुद्रा में निश्चल खड़ी है। मगर यह भ्रम है, नोवास्कोशिया में बेगनबेलिया नहीं उगती। अनु के प्रति न जाने क्या-क्या उमड़ रहा है–ममत्व, दुलार, करुणा, छोह। उसके बाल सहलाकर पुचकारने का मन होता है, बच्ची–तुम्हें मैंने बहुत सताया–मेरे पास आ जाओ–मेरी बाँह पर सिर रख लो–रो लो, जो भी कहना हो, कह लो–यह बार-बार होंठों को दाँतों से कुचलने की तुम्हारी मुद्रा, अपने पर यह काबू मुझसे बरदाश्त नहीं हो पा रहा है। पूरी तरह सूख गए ठूँठ में गरमी में पानी पाकर एकाध कोंपल भले ही फूले, पर पूरा ठूँठ हरा-भरा होगा, इसकी कोई गारंटी नहीं। गारंटी है किस बात की? विवाह की? सर्जरी की?

"इतने गहरे सोच में क्यों डूब गईं अनु," उसने कहा, "मुझे एक और ड्रिंक बनाकर दोगी?"

अनु हड़बड़ाकर उसका खाली गिलास ले लेती है। दो ड्रिंक्स बनाती है, बराबर के। प्रणव देखता है, अनु बिलकुल उतना ही पानी, उतनी ही बर्फ खुद भी लेती है जितनी कि प्रणव को पसन्द है। अनु पूछती है, "नोवास्कोशिया में क्या व्यस्त रखता है आपको?"

"वही जो हर जगह डॉक्टरों को व्यस्त रखता है..." नहीं, वह अनु को नमिता के बारे में नहीं बता पाएगा। वह बहुत चाहने पर भी पिछले दस सालों का लेखा-जोखा अनु को नहीं दे पाएगा। अगर चाहे, तब भी वह सम्भव नहीं है। कितना कुछ जिया, झेला, देखा, कितनों से जुड़ा, कितने ठिकाने बनाए और कितनी बार सबकुछ एक निष्ठुरता, एक अलगाव से तोड़कर आगे बढ़ गया।

"नोवास्कोशिया तो बहुत दूर, ठंडी जगह है, वहाँ के डॉक्टर क्या करते हैं?"

"शराब पीते हैं, दोस्तों की बीवियों पर डोरे..." प्रणव कहते-कहते रुक जाता है, "एल्कोहलिक हो जाते हैं, आत्महत्या कर लेते हैं, मगर यहाँ तो सब बहुत समर्पित होंगे, मानव कल्याण के लिए, कष्ट-पीड़ा मिटाने के लिए निरन्तर खोज में..."

"नहीं, यहाँ भी शराब पीते हैं–आदि-आदि..." अनु हथेली में गिलास गोल-गोल घुमाने लगती है।

"और तुम? तुम, अनु? तुम तो रेस्तराँ खोलने की बात कर रही थीं। डॉक्टर कैसे बन गईं?" अतीत की ढेरी के उलझे धागों में से एक सिरा पकड़ते हुए प्रणव ने पूछा।

अनु देर तक चुप रही, फिर बोली, "मुझे उन दिनों बहुत गुस्सा था, आप पर, अपने पर, दोस्तों पर। यह बात मुझे हर वक्त कचोटती थी कि मैं एक व्यक्ति की हैसियत से कुछ भी नहीं रही, जो कुछ थी, वह सब श्रीमती कुमार की हैसियत से। बार-बार लगता कि मैंने वे साल क्यों खो दिए, बिरियानी और कबाब बनाने में? कुछ किया क्यों नहीं, अपने को कुछ आगे क्यों नहीं बनाया? उसी मानसिक तनाव में मैंने सोचा कि अच्छा, अभी तो सारी उम्र पड़ी ही हुई है, चलो, कुछ बनने की कोशिश तो कर लो। शुरुआत तो करो, देखो कि तुम भी प्रणव कुमार बन सकती हो कि नहीं? इत्तफाक से मेडिकल कॉलेज में एडमिशन मिल गया, माँ की भी इच्छा थी कि मैं डॉक्टर बनती, एंड हियर आई ऐम—नोबल प्राइज विजेता की रिसर्च टीम में..."

"मगर अनु," प्रणव ने कहा, "पैसा कहाँ से?"

"कुछ था, कुछ नौकरियाँ कीं, कुछ कर्ज लिए—एक बार शुरुआत करके फिर छोड़ने का सवाल ही नहीं उठा। किसी-न-किसी तरह से, पेट के बल रेंगते हुए सैनिक की तरह मैंने यह पुल पार कर ही लिया।"

प्रणव को एकटक ताकते हुए देखकर अनु लजाई नहीं, उसने उस दृष्टि का उत्तर दिया अपनी सीधी अनझिप दृष्टि से।

"मुझे अब भी हेट करती हो?" प्रणव ने पूछा।

अनु अपने पर खिसियाकर हँसी, "अब नहीं। एक टाइम था, जब ऐंगर और हेट में फर्क नहीं रहा था। नहीं, आपको हेट नहीं करती।"

"तो?"

"तो क्या? बहुत कुछ...मगर न गुस्सा, न हेट, उसका कोई कारण नहीं बचा। जो कुछ है वह इतना गहरा, रेशों में इतना भिदा हुआ है कि उसे नाम नहीं दिया जा सकता।"

"जैसे कि...प्यार?"

अनु ने लम्बी साँस ली, जैसे रातों के बाद रातों को अपने गीले गालों का स्पर्श मन में ताजा हो गया हो।

"तब मैं इस शब्द का मतलब नहीं समझती थी, समझती थी कि समर्पण, न्योछावर हो जाना ही प्यार होता है। अगर पत्नी समर्पित है तो वही प्यार है, पुरुष को भी उसी प्यार का वैसा ही जवाब देना होगा। बहुत बाद

में समझ में आया कि हर रिश्ते की एक अलग रंगत, अलग बुनावट होती है। हर कोई अपनी-अपनी सामर्थ्य के हिसाब से ही दे सकता है। अगर आपकी सामर्थ्य सिर्फ एक छटाँक प्यार देने की थी तो आपसे एक किलो प्यार की आकांक्षा करना मेरी बेवकूफी थी।''

''मेरी बात का जवाब नहीं दिया तुमने...''

''क्यों पूछते हैं बार-बार, गड़ा-गड़ाकर?''

''तुम जानती हो,'' प्रणव ने तकिया ठीक करते हुए कहा, ''पुरुष का अहम, पति का अधिकार...'' पर उसने बात में हल्की-सी ठिठोल घोल दी थी। अनु उसे ऐसे देखने लगी कि जैसे जानने की कोशिश कर रही हो कि वह कितना गम्भीर है। फिर उसके मुँह से अचानक निकल पड़ा, ''मेरे एक बच्ची है। डेढ़ साल की। उसका नाम...'' उसने एकदम अपने को रोक लिया।

''कहो न? रुक क्यों गईं...'' प्रणव ने उसे उकसाते हुए कहा।

''अभी तय नहीं किया है। गुड़िया कहकर बुलाते हैं।'' फिर उसने लम्बी-सी घूँट ली।

''आपके कोई...''

''नहीं। तुम तो जानती ही हो, मैं इस बारे में क्या सोचता हूँ। मैं अकेला ही हूँ...''

अनु के चेहरे पर कई प्रश्न बन आए पर उसने पूछे नहीं। उन प्रश्नों का अपने आप जवाब देते हुए प्रणव ने कहा, ''जब मैं कहता हूँ कि मैं अकेला हूँ, तो उसका मतलब है एकदम अकेला, बिना घर-बार, बिना बीवी-बच्चों के–एकदम अकेला और सन्तुष्ट...''

क्यों, क्या हुई वह चुड़ैल? पर अनु ने पूछा नहीं। उसने अपने अन्दर पैठकर देखना चाहा कि उसे कैसा लग रहा है। प्रणव ने शादी नहीं की, वह अकेला है और सन्तुष्ट। यह अन्तिम शब्द उसने स्वयं ही रेखांकित कर दिया है।

प्रणव उसके कुछ और कहने के इन्तजार में रुका हुआ है। फिर अनु को कुछ और न कहते देख उसने पूछा, ''और बच्ची के पापा? कौन हैं वह भाग्यशाली सज्जन?''

''लखनऊ के ही हैं, डॉक्टर। नाम है दीपांकर चौधरी।''

''दिव्या के भाई तो नहीं?'' प्रणव ने एकदम पूछा।

''हाँ–जुड़वा भाई।''

''तब तो घर के घर में ही रहीं। तुम्हारे पुराने प्रशंसक रहे होंगे?''

अनु ने विचित्र-सी दृष्टि से प्रणव को देखा, "कुछ ऐसा ही समझ लीजिए।" संकोच का एक छोटा-सा टुकड़ा दोनों के बीच आकर ठहर गया।

अपनी निजी जिन्दगी के दरवाजे को कितना उघाड़े, अनु इस सोच में है। प्रणव इन्तजार में है कि अनु कुछ आगे कहे तो कहे, कुछ अधिक रुचि दिखाना अभद्रता होगी। साथ ही अनु को लेकर जो छवि बनाई थी, उसे छिन्न-भिन्न होते देख उसे पीड़ा नहीं हो रही है, बल्कि उसे लग रहा है कि वह अपराध और लज्जा को अलग कर हल्का-हल्का हो सकेगा–भारमुक्त, अब सच्चे अर्थों में मुक्त। किसी अमेरिकी शहर में वह 'साड़ी मन्दिर' या 'सारी को' नाम की दुकान पर नकली रेशम की साड़ियाँ नहीं बेच रही है, न काउंटर पर जलेबी, रसगुल्ले, न ढाई साल पुरानी चाय की पत्तियाँ ही! आज वह सीधी सतर सामने बैठी है, बराबरी से शराब पी रही है, खुली, हल्की, आत्मगरिमा और विश्वास से भरी। प्रणव ने चाहा कि वह सचमुच, एकदम गहराई से अनु के लिए प्रसन्न हो सके, पर इस क्षण में कुछ खेद, कुछ खोया-खोया सा क्यों लगने लगा है? क्या पतिभाव कहीं चोट खा रहा है? सामने बैठी छोटे बालों, स्कर्ट, ब्लाउज, दस सालों की कड़ी मेहनतवाली जिन्दगी की छापवाले चेहरे में अचानक उसे अपनी पत्नी अनु की झलक कौंधती दिखाई देती है जो पहली बार एकान्त पाने पर देखी थी–लज्जा और संकोच से तपता हुआ चेहरा, पर दृष्टि में चाव भरी उत्कंठा, एक अनजान भय से रह-रहकर काँप उठता पूरा शरीर। मालूम नहीं, उसकी छोटी मामी ने उसे पुरुष के बारे में क्या ज्ञान दिया था, कि प्रणव के छूते ही वह गठरी-सी बनकर दोहरी हो गई थी और वह पति है, पशु नहीं, यह समझाने में प्रणव को कई दिन लग गए थे। किसी दूसरे की बाँहों में प्रेम-मत्त, प्रेमाकुल अनु की परिकल्पना को वह पीछे धकेल देता है। नहीं, अब भी वैसे ही लजाती नहीं होगी, हाथ लगाने पर छुई-मुई की तरह?

"कैरियर–बच्चा-पति," प्रणव ने कहा, "अब तो सभी कुछ है तुम्हारे पास–सुनकर सुख हो रहा है, तसल्ली हो रही है। तब सबकुछ अच्छा ही हुआ। मेरे साथ रहतीं तो शायद अभी हम दोनों उसी तरह, दोस्तों, शराब, बेमानी जिन्दगी में डूबे रहते–सन्तानहीन–लक्ष्यहीन।"

अचानक अनु को डर लग उठा कि कहीं उसकी आँखों से आँसू न टपक पड़ें, "मगर उसमें भी एक सुख था," कहकर वह गिलास फिर भरने के बहाने उठ खड़ी होती है, प्रणव की तरफ पीठ करके।

"मुझे थोड़ा रुककर–अभी है।" प्रणव के कहने पर रुक जाती है।

अब तक उसने अपने को सँभाल लिया है। उसके मायने वह भूला हुआ

अतीत एक पुरानी फिल्म की तरह उजागर हो गया है—विभा, कीरत, रूपल, वाटरमैन, वह शान-शौकत और टूटने-बिखरने की सारी यात्रा, गड्ड-मड्ड होती आँखों के सामने से गुजरने लगती है। समय और अन्तर्दृष्टि ने अब वह कटुता, वह कड़वाहट धो दी है। समुद्र की लहरें जैसे किनारे का सारा कूड़ा-कर्कट बहा ले जाती हैं और छोड़ जाती हैं चमचमाती रेत, सीप, कौड़ियाँ, शंख, अपनी निधि। अब जो बच रहा है वह है निष्कलुष, सरल और मधुर...

"सुख था? हाँ, था तो। उस जिन्दगी का अपना चार्म था। एक सीमा के बाद वह टूटना ही था, नहीं तो उसमें घुटकर रह जाते—तुम तो समृद्ध ही हुईं..." प्रणव ने कहा।

"आप नहीं? सीमा तो आपने ही..."

अनु ने अपने को रोक लिया। बस, अब इतना ही, आगे एक शब्द भी नहीं, नहीं तो टूटे बाँध की तरह जो उमड़ेगा, उसे वह वश में नहीं कर सकेगी।

अनु आकर झगड़ा करने लगेगी—व्यंग्य, ताने और आँसू...प्रणव इन सबका सामना करने के लिए अपने को थोड़ा तैयार करके आया था। पर अनु ऐसे मिलेगी, तल्खी, कड़वाहट से एकदम परे, ऊपर, इसकी उसे कल्पना तक न थी।

"कभी-कभी तुम्हें लेकर बहुत फिकर होती थी—कहाँ हो, कैसी हो? कई बार सोचा कि लिखूँ—पर सोचकर ही रह गया। तुमने भी तो खोज-खबर नहीं ली।"

"मैं क्यों लेती? जानती थी कि आपने अपना सुख अपने आप खोज ही लिया होगा।"

सहसा अनु वाचाल हो आई, शायद व्हिस्की के दो गिलासों का असर रहा होगा।

"नहीं—मैं यह नहीं कहूँगी कि अलग होकर अच्छा ही हुआ। इतनी यातना के बाद जो मिलता भी है, उसमें कुछ-न-कुछ पिछले विघटन की परछाईं रहती ही है। और वह सब पीड़ा जरूरी नहीं थी, यह सब पाने के लिए। उस जिन्दगी का भी एक फुलफिलमेंट था, एकमात्र आपकी होने का सुख, दुनिया की उठा-पटक से सुरक्षित रहने का सुख। एक अकेली औरत, वह भी अगर जवान हो और बदसूरत नहीं—उसे क्या-क्या झेलना पड़ता है, किस-किस तरह से अपना बचाव करना पड़ता है, यह सब मुझे बहुत मुश्किल तरीके से ही सीखना पड़ा। अब देखिए, मैंने सुन्दरता का अभिशाप मिटा दिया है..." अनु के हाथ अपने

आप अपने बाल छूने लगते हैं, "पर यह सच है कि अगर परिस्थितियों ने मुझे ऐसे ढकेला न होता तो आज मैं भी वही परम्परागत स्क्रिप्ट जीती रहती–पूरी तरह से आप पर निर्भर, एक सफल डॉक्टर की निकम्मी बीवी की..." अनु लम्बी साँस लेती है, "जानते हैं, कचहरी में विदा लेते वक्त आपकी उस शार्क मछली-सी वकील ने मुझसे क्या कहा था?...'आपके भविष्य के लिए शुभकामनाएँ,' तो मेरे मुँह से कड़वा वाक्य निकल गया, 'यह सहानुभूति आप अपने मुवक्किल को ही दीजिए'–उस दिन के बाद मैं एक बार भी नहीं रोई। मालूम नहीं, मेरे अन्दर इतना तेज, इतना करेज कहाँ से आ गया! मुझे लगा, मैं कुछ भी बन सकती हूँ..."

प्रणव अपना गिलास उठाता है। खाली होने पर भी वह मुँह से लगाता है, तले में बची कुछ बूँदों से होंठ गीले करते हुए उसने कहा, "अनु, तुम्हें ड्रिंक और दूँ?" और पलँग से उतरकर वह अनु के हाथ से गिलास ले लेता है, "मेरी छोटी-सी गुड़िया कितनी बड़ी हो गई है..." उसने पुचकारते हुए कहा। वह जाकर पलँग पर वापस तकिये के सहारे बैठ गया।

"पर इसके लिए मुझे कितनी बड़ी कीमत चुकानी पड़ी..." अनु कहती है।

"कीमत के बात कर रही हो? देऽऽखोऽऽ," कहकर प्रणव झटके से ड्रेसिंग गाउन खोल देता है–कंठ से लेकर पसलियों के नीचे तक लम्बे नश्तर का दाग। अनु झटका-सा खाकर देखती है, प्रणव की छाती के घुँघराले बाल कितने सफेद हो आए हैं।

"इतना दर्द? अकेले ही झेला?" वह रुक-रुककर कहती है।

इंच-इंच, टुकड़े-टुकड़े, बूँद-बूँद करके अपने को बटोरती हो, सँवारती हो, उस पर एक नया पौधा रोपती हो, नए-पुराने सभी नुस्खे आजमाती हो, नए सम्बन्ध, शराब, कैरियर, मातृत्व, हर उपलब्धि को तमगों की तरह सीने पर गर्व से लटकाए हुए। क्या वह सब एक झटके से उतारकर फेंका जा सकता है?

अनु थरथरा उठती है। यह व्हिस्की का असर है, वह अपने को समझाना चाहती है। अब कुछ नहीं बचा है, उधर मुड़कर मत देखो। उसके अन्दर जैसे कोई दूसरी औरत बहुत दृढ़ स्वर में कह रही है, दिव्य जैसे स्वर में–एक पढ़ी-लिखी डॉक्टर, एक बच्ची की माँ, दुनियादारी में कुशल औरत, पीछे मुड़कर मत देखो, नहीं तो पत्थर बनकर यहीं खड़ी रह जाओगी, अनन्त काल तक, पर साथ ही अन्दर एक रुलाई उठती है–छोटी बच्ची अनु की रुलाई। उस

अनु की जो रो-रोकर देवी-देवताओं से मिन्नतें माँगा करती थी। वह अनु जो दस साल की जिम्मेदारियों और संघर्ष से कहीं लोप हो गई थी, अब नए आवेग से लौटकर अपने सामने रोगग्रस्त, जर्जर और टूटे हुए प्रणव को पाकर उससे लिपट जाना चाह रही है।

"इतना दर्द अकेले ही झेला..." फिर उसने कहा।

प्रणव एकदम शक्तिहीन-सा होकर फिर तकिए पर सिर टिका लेता है। उसने ड्रेसिंग गाउन से फिर अपनी छाती ढक ली है, "अल्टिमेटली तो हमें अकेले ही सब झेलना पड़ता है। बेहोशी का इंजेक्शन मिलने और चेतना खोने के बीच जो दो-तीन सेकेंड होते हैं–जिन्दगी और मौत के बीच का वह रास्ता अकेले ही पार करना पड़ता है, और जानती हो अनु–एक बार वह झेल लेने पर किसी चीज से डर नहीं लगता। मौत से भी नहीं..."

"समझ रही हो न," वह आगे कहता है, "अब तो तुम खुद डॉक्टर हो। उस अन्दर के डर की बात समझ रही हो न? तुम खुद कितनी डरपोक लड़की थीं, रात में, हर खटके, हर आहट, बिजली की कड़क पर डरकर मुझसे चिपक जाती थीं–अब अपने को देखो।"

'अब भी लगता है,' अनु के शब्द ओंठों-के-ओंठों में ही अटककर रह गए, अब भी लगता है बस, ऊपर दिखाई नहीं देने देती, उसका मन हो आया प्रणव को बताए कि पहली बार मुर्दा चीरने के लिए जाते हुए उसकी डर के मारे क्या दशा हुई थी, उसका दिल कितनी जोर से धड़क रहा था, हाथ कैसी बुरी तरह काँप रहे थे, मुश्किल से आँखें खोली थीं तो पाया कि वह ठंडे फर्श पर गिरी पड़ी है और साथिन उसका सिर सहला रही है। वह सोचती है, पर कहती नहीं, प्रणव जिस मूड में है, कुछ कहकर उसे तोड़ना ठीक नहीं लगा। वह चुप रहती है, प्रणव की ओर देखती हुई।

वह घूँट-घूँट पीता है।

डर का स्वाद क्या अनु जानती नहीं, उस अकेलेपन का आतंक भरा डर, उस नींद का डर जिसके बाद पता न हो कि साँस बचेगी या नहीं, कि अगली सुबह क्या नजारा दिखाएगी।

"मैं समझती हूँ।"

वातावरण बोझिल हो गया है। अतीत बीच में ठिठक-ठिठककर कदम रख रहा है। प्रणव और अनु दोनों ही चुप हैं। गिलास खाली हो गए हैं। बाहर रात खिंचकर लम्बी हो रही है, पलँग पर पड़ा रोग से टूटा प्रणव, पास बैठी भरी-पूरी अनु। यह क्षण अपने हैं, उन दोनों के, जो उन्होंने साथ-साथ जिए

थे–प्यार, मनुहार, सुख, तुष्टि, दुख, यातना, क्रूरता, बेवफाई...उस जिन्दगी के जो उन्होंने तार-तार अपने हाथों बुनी थी। समय, परिस्थितियों, नए चेहरों, नई जगहों, नए सम्बन्धों ने उसे रगड़-रगड़कर लगातार धोया है, फिर भी कुछ आकृतियाँ, कुछ रूप, कुछ रंग उस बुनावट में अब भी बचे हुए हैं।

प्रणव का सूखा-सा हाथ चादर पर पड़ा हुआ है, शान्त निचेष्ट। उसकी आँखें थकान से मुँदी जा रही हैं, फिर भी उसे लगता है कि वह जो कुछ अनु से कहना चाहता है, कह नहीं पाया है। जो कुछ अब तक एक अमूर्त, अनाम भाव से अन्दर बैठा हुआ था, उसे कहना जरूरी है, इतना तो अनु का अधिकार बनता ही है, इतना तो उसका प्राप्य है ही। वह बहुत कोशिश करके आँखें खोलता है, उसे एक झटका-सा लगता है। पीली पोचमपल्ली में, पुँछी बिन्दी, डबडबाई आँखोंवाले चेहरे की जगह तो नेवी स्कर्ट और सफेद ब्लाउज के पश्चिमी पहनावे में, कटे बालवाली स्त्री बैठी है, वह करीब-करीब अपरिचित है। उसे कहाँ अपने साथ, अपनी बीहड़, बियावान जिन्दगी में घसीटेगा? वह उस पागलपन को उसी सावधानी से मन में दुबारा दबा देता है, जैसे कि जलती हुई टहनियों को बर्फ से एकदम ढककर बुझा दिया करता था। अब केवल यही दीख रहा है कि कोई रास्ता नहीं दीखता। कोई विकल्प नहीं बचा है।

''अनु, तुम्हें देर नहीं हो रही है? अब तुम जाओ, बेबी इन्तजार कर रही होगी।'' एक क्रूर, ठंडापन आवाज में भरकर वह कहता है और आँखें बन्द कर लेता है। उसे अपने अन्दर एक दर्द-सा महसूस हो रहा है, दिल का दौरा पड़ते समय की पीड़ा से भी गहरा, पैना और व्यापक।

अनु निःशब्द उठकर खड़ी हो जाती है। नीचे सरक आया कम्बल खींचकर प्रणव को उढ़ाने से पहले वह अपनी अँगुली से प्रणव की छाती का दाग ऊपर से नीचे तक हल्के-हल्के छूती है। उसे लगा कि जैसे उसकी अपनी छाती चटक गई है और उसका सारा रक्त, सारी जीवन-शक्ति एक सैलाब की तरह उमड़कर बही जा रही है, वह यहीं गिर पड़ेगी और उसका सिर आ लगेगा प्रणव के सीने से, जहाँ वह टिक नहीं सकती, बस एक क्षण थमकर साँस ले सकती है।

''जा रही हूँ। कल आऊँगी–आपके टेस्ट हो चुकने के बाद।'' प्रणव ने थकी पलकें खोलकर उसे देखा, ''मैं तुम्हारा इन्तजार करूँगा।''

अनु जाने की बात कहकर भी कुछ देर खड़ी रहती है, जैसे उसे लगता है कि प्रणव आगे भी कुछ कहनेवाला है। फिर अनु का हाथ हल्के-से उसका चेहरा छूता है और दरवाजा पीछे बन्द हो जाता है।

अनु कमरे के बाहर दरवाजे से पीठ टिकाकर एकदम पस्त-सी खड़ी रह गई। दूर सड़क पर एम्बुलैंस के सायरन की तीखी, आतंकभरी सीटी क्रमशः पास आती गई। उसने आठवीं मंजिल की खिड़की के पास से एम्बुलैंस की झपकती लाल बत्ती को देखा। कोई ट्रैफिक एक्सीडेंट होगा या हार्ट अटैक। मुझे इतना नहीं पीना चाहिए था। उसने अपने आपको झिड़का, ज्यादा पीने के बाद हमेशा कमजोर पड़ जाती हूँ। आगे पीछे सब भूल जाता है। अनु ने अपने को सँभालना चाहा। कसकर पैर जमाते हुए उसने अपने से कहा, अनु ओ अनुका देवी, याद करो वह अपमान, वह अवमानना, जज के सामने का वह अर्द्धसत्य, वह अस्वीकृति, याद करो प्रणव की बेवफाइयाँ, उसकी निष्ठुरता, अलग होने के बाद के वह घोर संघर्ष के दिन...

चीफ नर्स बिना आहट किए सामने आकर खड़ी हो गई। मिलने का समय आठ बजे ही खत्म हो जाता है। अनु दरवाजे से अलग हट गई। बहुत मुश्किल से संयत किए स्वर में पूछा, "खाना ले जा रही हैं?"

"जी।" फिर नर्स ने पूछा, "क्या डॉक्टर कुमार आपके सम्बन्धी हैं?"

"मेरे पूर्व पति।" अनु ने कहा।

सेल के दिन इतने लोग आ जाएँगे, अनु को भीड़ देखकर विश्वास नहीं हुआ। सेल का टाइम था नौ बजे, मगर सुबह साढ़े सात या आठ बजे से ही सड़क के दोनों किनारे गाड़ियों से भरने लगे। सेल का प्रबन्ध रोजलिन और उसके चर्च ने किया था—उन्हीं लोगों ने अखबार में विज्ञापन दिया था। सामान पर पर्चियाँ लगाईं—महँगी, सस्ती, नई-पुरानी चीजों को अलग किया और साढ़े आठ बजे हर कमरे में एक निगरानी करनेवाली और एक पैसे लेनेवाली महिला तैनात हो गई थी। पलँग, सोफासेट, अखरोट की मेजें, खाने की मेज, अलमारियाँ, रंगीन टेलीविजन, फ्रिज, कपड़े धोने की मशीन, रेडियो, कार्पेट, रसोई के चमचमाते बर्तन, मर्दाने कपड़े, जनाने कपड़े, नकली जेवर, भारतीय कलाकृतियाँ, लैम्प, कंदीलें...लाख और काँच की चूड़ियाँ! अनु को लग रहा था कि न केवल चादरें, तौलिये, पुराने कपड़े, बल्कि उसकी निजी जिन्दगी की उधड़ी सीवनें भी सबके सामने खुल गई हैं। ये सैकड़ों खरीददार अन्दर आकर उसके घर की बनावट, उसके गुसलखाने की टाइलें, उसकी रसोई का संगमरमर, सब घूर-घूरकर देखेंगे, छुएँगे, मोलभाव करेंगे, कहीं भी कुछ निजी या आंतरिक नहीं बचेगा। अनु की अन्दरूनी जिन्दगी पेट में चाकू घोंपने से निकल पड़ी अँतड़ियों की तरह

अन्दर-बाहर लॉन पर पड़ी हुई है, उनमें कुछ गोपनीय नहीं रहा। सबकुछ बेच-बाचकर एकदम इस शहर से डेरा उठाने का निर्णय उसका था। हर चीज कौड़ियों के मोल जा रही थी, जैसा ऐसे सेल में होता था। कौन रखता था टूटी जिन्दगी के अवशेष! वह एक बहुत गहरे स्तर पर कहीं मौन हो गई थी, चारों ओर से हाथ-पाँव समेटकर अपने घोंघे में समाहित। वह अब किसी व्यक्ति, किसी मोह, किसी याद से जुड़ी नहीं रहना चाहती थी। 'जाऽऽओ' कहकर उसने सब पैरों से ठेल दिया था। अब वह खड़ी हुई, घर की सड़क की ओर खुलती खिड़की से भीड़ को देख रही थी। लोग चीजों पर टूट रहे थे, नए-पुराने का खयाल छोड़कर, सस्ते में अच्छी चीजें पा जाने के लोभ में, ताबड़तोड़ सामान उठाते हुए। वह चाइनीज वायदानी जो उसने पहले-पहल खरीदी थी, खुर्जा पॉटरी का सेट जो वह सँजोकर हाथ में पकड़कर लाई थी, वह संगखेड़ी झूला जो उसने काठियावाड़ से मँगवाया था। खासतौर से एक जापानी दम्पती उसका किंग साइज गद्दा अपनी छोटी-सी गाड़ी की छत पर बाँधकर ले जाने की कोशिश कर रहा था। एक-दूसरे का हाथ पकड़े प्रेम-विभोर, छोटी उमर का एक लड़का व लड़की, एकदम नए फ्राइंग पैन का मोलभाव कर रहे थे। उस भीड़ में परिचित चेहरे भी थे, विभा, जो अपना ही प्रेजेंट किया पौधा दुबारा खरीदकर ले जा रही थी, अनु से बचती हुई। कीरत, कंचन, रूपल एकसाथ एक ही गाड़ी से उतरी थीं। अनु ने उनसे छिपना चाहा, शर्मिन्दगी के आखिरी चरण में, मगर वह बच न सकी। कीरत ने कहा, "तुम जा रही हो अनु—हम तुम्हारे लिए कुछ न कर सके..."

अब शिकायत का वक्त निकल चुका था। अनु ने उन्हें अनझिप आँखों से ताका, चुप रही। रूपल ने कुशन कवर सहेजे, कंचन ने लकड़ी के खिलौने। सिर्फ कीरत उसके पास ख़ड़ी रही, "सुना है, तुम बाल्टीमोर जा रही हो! कोई रिश्तेदार है?"

"नहीं—वहाँ प्रिमेड की तैयारी करूँगी।" फिर उसकी उपस्थिति एकदम असह्य-सी पाकर धीरे से कहा, "आप भी जाकर देख लीजिए—शायद कुछ पसन्द आ जाए।"

शाम तक लग रहा था, एक मेला आकर चला गया है—कुचला हुआ लॉन, मैला हुआ कार्पेट, कोनों में टूट-फूट गए अनबिके सामान का ढेर—पेपरबैक उपन्यास, चमड़े के सूटकेस, प्रणव के दर्जनों जूते और कमीजें, बीस लीटरवाला प्रेशर कुकर, बिना ढक्कनवाले भगौने, पोलरायड कैमरा, रंग-बिरंगे बल्ब, टूटी हुई छतरी, हिन्दुस्तानी चप्पलें। रोजलिन और साथियों ने उन चीजों को बक्सों

में बन्द किया और गरीबों में बाँटने को रख लिया। हिसाब करके सेल के पैसों का चौथाई हिस्सा अपने पास रखकर बाकी कैश अनु को सौंप दिया। एक-एक करके सबके चले जाने के बाद अनु ने घर का दरवाजा बन्द कर लिया। वह अब अकेली थी। जो भी हो–उसने दाँत भींचकर अपने से कहा, जैसे भी हो, भविष्य और समय जो भी सामने लाए उसे स्वीकार करना है–भाग्य...अनु ने व्यंग्य से सोचा, वाह रे भाग्य! छह-सात साल इसी घर में एक राजकन्या की तरह रही हूँ, आज जमीन पर ही सोना पड़ेगा। दीवार-से-दीवार तक का कार्पेट सैकड़ों पैरों से इतना गन्दा दीख रहा था कि उस पर कुछ बिछाकर लेटने के खयाल से वितृष्णा हुई। वह सोने के कमरे में ही चादर बिछाकर लेट गई, पर सो नहीं पाई। पूरे घर की बिजलियाँ जल रही थीं, दीवाली की तरह। खाली कमरों के दरवाजे-खिड़कियाँ खुले पड़े रहे। पिछले सालों की एकत्रित हँसी, पार्टियाँ, ठहाके, संगीत अनु की आर्त्त, बेबस चीखें, सब जैसे दीवारों के बीच कैद होकर अनन्त काल तक गूँजती रहेंगी।

बाद के वे दिन! विद्यार्थी जीवन, किताबें खरीदकर लाते हुए बहुत दिनों बाद अनु ने अपने अन्दर एक नई अनुभूति महसूस की, उल्लास और आतंक–मैं यह सब कर भी पाऊँगी या नहीं? कितने सालों बाद पढ़ाई शुरू हुई थी और एकदम नया पाठ्यक्रम, साइंस, गणित, साहित्य–सभी कुछ। सहपाठी सभी अपने से कितने छोटे, साफ धुले, चिकने, प्रफुल्ल तरुण चेहरे। कोने में एक बड़ी उम्र की महिला को देखकर उसे तसल्ली-सी हुई। क्लास के बाद वह स्वयं उसके पास आई, अपना परिचय दिया। उनके बच्चे बड़े हो गए हैं, वह बी. ए. के बाद कुछ करना चाहती हैं, इसमें शर्म की क्या बात है! तुम तो अभी छोटी ही हो–कहती हुई वह अनु को साथ ले जाती हैं। विश्वविद्यालय, यूनियन कैफे, सब जगह भीड़-ही-भीड़, इसमें खोया जा सकता है और फिर सहायता भी कितनी है–कक्षा के बाद अध्यापक के दफ्तर में जाकर मुश्किलें हल करने और बीमार होने पर स्वास्थ्य-सेवा की सुविधा, दुखी और हताश होने पर 'क्राइसिस सेंटर' का फोन, रात में अकेले पड़ जाने पर 'महिला यातायात' के मुफ्त वाहन–फिर भी वे दिन यातना के हैं, अन्दर से खाली। क्लास, पढ़ाई, होमवर्क, हर सप्ताह परीक्षाएँ, लाइब्रेरी, इन सबके बाद वह अपने कमरे में बेजान-सी पड़ जाती है। उस घर में सब एशियाई लड़कियाँ हैं–जापानी, चीनी, फिलीपीनी, इंडोनीजियन। सामूहिक रसोई में सोया-सॉस की गन्ध बसी हुई है। दूसरी लड़कियाँ शाम को घर लौटी हुई चिड़ियों की तरह चहचहाती हैं, कभी-कभी दो-एक मिलकर अनु के कमरे में घुस आती हैं, उसे बातों में उलझाने की कोशिश

करती हैं। अनु को व्यावहारिकता की सीख देती हैं—वीजा पति के नाम पर है, तुरन्त नागरिकता के लिए अर्जी दे दो, नहीं तो इमीग्रेशन बड़ा परेशान करेगा। नागरिक होने के बाद एशियाई अल्पसंख्यक हो जाने के कारण सुविधा रहेगी। अध्यापकों के दफ्तर में यदाकदा चली जाया करो, उससे अच्छा इम्प्रेशन पड़ता है। आगे भी उनकी मदद लेनी पड़ेगी। पैसा पास है, तब भी विद्यार्थी सहायता कोश से छोटा-सा कर्ज ले लो, इससे आगे बड़ी जरूरत पर भी लोन मिल सकेगा। कितनी बातें, कितनी व्यावहारिक बातें, अब यह सब करना ही पड़ेगा। अनु पाती है कि इन लड़कियों की हर बात अनुभव पर खरी उतरती है। अमेरिकी नागरिक बनते समय जज के सामने उसे एक बार सबकुछ एक अयथार्थ, एक नाटक-सा लग उठा। कानून ने तो उसे प्रणव से अलग घोषित किया, उसे मन से स्वीकार करने में न जाने कितना समय लगेगा। उसी तरह एक पासपोर्ट की जगह पर दूसरा पासपोर्ट लेते हुए भी उसे अन्दर से नहीं लगा कि वह अब भारतीय नहीं रही।

उस दिन लड़कियों ने उसके अमेरिकन बन जाने पर उत्सव किया। केक, जिस पर सितारों और धारियोंवाला सफेद, लाल और नीला झंडा बना है। साथ में पीने को पंच और खाने को आइसक्रीम। वृद्ध मकान-मालिक भी आमन्त्रित हैं, वह हर्ष से गद्‌गद हैं। अन्त में सब राष्ट्रीय गान गाते हैं, 'ओ से कैन यू सी...' दिव्या फोन पर कहती है, "अच्छा किया। कब तक भावुक होकर अतीत से चिपकी रहेगी?"

जयन्त इन सालों में बेकार है। छोटा-मोटा काम करके निर्वाह हो रहा है, फिर भी दिव्या में जैसे अपूर्व जीवनी-शक्ति है, उदासी, हताशा के क्षण उसने जाने ही नहीं हैं। अनु एक बार फिर सामान इकट्‌ठा करती है। सबकुछ लाद-लूदकर आगे चल देती है। उसने एक बार भी पीछे मुड़कर नहीं देखा है। सम्बन्ध कुछ जुड़े भी न थे, पर दो साल एक जगह रहने का मोह या ममत्व भी उसे नहीं व्यापा। एक बार न जुड़ने की प्रक्रिया सध जाए तो आगे सबकुछ कितना सहज हो जाता है, अनु ने सोचा। पढ़ाई में उसने अपने को पूरा-का-पूरा झोंक दिया है। इसमें हारने की गुंजाइश नहीं, कम-से-कम समय में अधिक-से-अधिक काम की उपलब्धि करना एक चैलेंज है, एक साधना है।

उन्हीं दिनों अनु पाती है कि वह सचमुच अर्थों में अतीत से मुक्त हो गई है। वह तीखी कड़वाहट, वह गहरा आक्रोश, अपनी नगण्यता और गैर-जरूरी होने की भावना इस व्यस्तता और भागदौड़ में कहीं पीछे छूट गई है। जो कुछ प्रिय, निकट, अमूल्य उसके और प्रणव के बीच घटा उसे नकार नहीं सकती।

वह जिन्दगी का एक अभिन्न भाग बन चुका है, पर है वह पीछे छूटा हुआ भाग। वह अब फिर नहीं जिया जा सकता। कितनी हल्की हो गई हूँ मैं, उसने सोचा—सम्बन्ध भी, प्राणियों और पेड़-पत्तियों की तरह होते हैं, उन्हें पानी न मिले तो धीरे-धीरे सचमुच मर जाते हैं। प्रणव ठीक ही कहता था। यह खालीपन अब नेगेटिव नहीं लगता। किसी के प्यार में न होना, किसी में अपने को समाहित न करना, इसका भी एक पॉजिटिव पक्ष है। मैं हूँ, अनु, अपने में तुष्ट, अपने स्वत्व-बोध में सुखी, अपने सुख-दुख में अकेली, अपने में स्वाधीन। उसे यह अनुभूति प्रिय लगती है। उसने अपने व्यक्तित्व और अस्तित्व का लक्ष्य पा लिया है। अब आगे जो भी समय और भाग्य दे, पूरे एहसास और जिम्मेदारी से स्वीकार करेगी। अगर कुछ न भी मिले तो भी कोई शिकायत नहीं होगी। अपनी डॉक्टरी की उपाधि तो होगी, सुख-चैन से तो रह सकेगी, काम करने का सन्तोष तो मिलेगा। स्थायी रूप से पुरुष जीवन में न हो, तो न हो। जरूरत भी किसे है!

उस दिन अनु का जन्मदिन था, तीसवाँ। वैसे भी तीसवीं वर्षगाँठ पर शोक मनाया जाता है कि अन्त हुआ यौवन का और शुरू हुई प्रौढ़ावस्था। जो तीस साल तक सफलता के चरम शिखर पर नहीं पहुँचता, फिर वह वहीं-का-वहीं, फिसड्डी रह गया। अपनी हर वर्षगाँठ पर अनु साल-भर का लेखा-जोखा करती है, रोज की कितनी छोटी-छोटी लड़ाइयों की छोटी-छोटी जीतें, छोटी-बड़ी उपलब्धियाँ। शुरू में बहुत डर लगता था, कैसे चलेगी यह मेडिकल कॉलेज की पढ़ाई! पर राह के दुरूह-दुर्गम होने पर भी वह ठहरी नहीं। तीसवीं वर्षगाँठ, उसने सोचा। प्रणव को हर साल कोई तीज-त्योहार याद रहे या न रहे, अनु की वर्षगाँठ जरूर याद रहती थी और हर साल वह कोई-न-कोई गहना दिया करता था। कभी अँगूठी, कभी मोती की माला, कभी ब्रेसलेट, कभी बुँदे। यह उसका छठा जन्मदिन है जो आकर चुपचाप, बिना मनाए निकल जाएगा। पिछले साल तो उसने किसी से कहा भी नहीं था। शाम को काम खत्म करने के बाद जब अस्पताल के कैफेटेरिया में वह कुछ सहपाठियों के साथ बैठी हुई थी, उसका बार-बार मन हो रहा था कि कह दे, मुझे बधाई दो, आज मेरा जन्मदिन है, पर वह चुपचाप अपनी चाय पीती रही। भारत में भी तो कब उसका जन्मदिन मनाया गया? उसे तो नाम भी ऐसे ही दिया गया—रेनुका, बेनुका, मेनका—ममेरी बहनों में चुक जाने के बाद बेतुक, बेसिर-पैर का—अनुका। यह सिलसिला तो प्रणव ने शुरू किया था, धूमधाम से, लाड़-प्यार से, उसका जन्मदिन मनाने का। आज सुबह-सुबह ही प्रणव की याद आ गई। अनु तैयार होते-होते सोचने लगी,

क्या प्रणव को याद रहा होगा कि आज अनु का जन्मदिन है? ऐसी बातों का अब क्या महत्त्व रहा! छह सालों में उसकी एक पंक्ति भी नहीं मिली थी, बस सुना-भर था कि एक फीचर फिल्म बनी थी, पर वह भारत में प्रदर्शित नहीं हो पाई। अमेरिकन एजुकेशनल टी.वी., कैनेडा और ब्रिटेन में ही प्रदर्शित हुई थी। उसके बाद कोई खबर नहीं मिली। वह चली भी तो आई थी देश के एकदम दूसरे छोर पर, जैसे उसे मालूम था कि भौगोलिक रूप से प्रणव के निकट प्रदेश में रहने से उसका अभिशाप-विमोचन कभी नहीं होगा।

तभी फोन बजा। छोटे-से एक ही कमरे के फ्लैट में रसोई से बैठक तक जाते-जाते अनु ने सोच लिया कि आज तड़के उठना बेकार हुआ, क्योंकि जिस क्लास में जाने के लिए तैयार होना था, यह जरूर ही उस क्लास के कैंसिल होने की सूचना होगी। पर वह दीपांकर था, अनु को हल्का-सा विस्मय हुआ।

"अनुका...!" उसने कहा, "बधाई! जन्मदिन की।"

"धन्यवाद–तुम्हें कैसे पता चला?"

वह हँसा, मन्द और मधुर, "यह मेरा रहस्य है। सुनो, आज शाम तो शायद तुम व्यस्त होगी?"

"क्यों?" अनु अपने बालों में उँगलियाँ फेरती हुई बोली।

"मैं शाम को उधर आना चाहता हूँ, अगर तुम कुछ नहीं कर रही हो तभी। अगर तुम्हारा कोई प्लान, कोई डेट हो तो..."

"नहीं, मैं खाली हूँ। आज के दिन क्लासों का भारी शैड्यूल रहता है, इसलिए शाम को कुछ नहीं कर रही हूँ।"

"अच्छा, तब मैं आऊँगा–अगर तुम्हारा मन होगा तो कहीं बाहर चले चलेंगे..."

"इज इट अ डेट?" अनु ने कौतुक से पूछा। दीपांकर हँसा और इस बात का बिना जवाब दिए उसने फोन काट दिया। दीपांकर भी अजीब है, अनु ने जूड़े में पिन खोंसते हुए सोचा, अक्सर मिलता रहता है, कभी-कभी बाहर भी चले जाते हैं, पर वह औपचारिक रूप से डेट नहीं होती, अमेरिकन तरीके की। शायद वह उस तरह किसी लड़की से मिलता-जुलता नहीं। उसे समय ही कहाँ है, अन्धी आँखों को दृष्टिदान देने की सर्जरी के और-से-और नाजुक तरीकों में पटुता पाने में ही उसका समय जाता है। बाकी समय वह शुद्ध शास्त्रीय संगीत सुनता है, कभी-कभी अनु उसके फ्लैट पर होती है, खाना खाने के बाद वह टेप लगा देता है और अपने हाथों एस्प्रेसो कॉफी तैयार करता है। उसने खासतौर से एस्प्रेसो मशीन रखी हुई है, "तुम इस तिलक कामोद को सुनोऽऽ,"

कहता हुआ जब तक कॉफी बनाकर लाता है, अनु को आँखें खोले रहना मुश्किल हो जाता है। कुमार गन्धर्व का तिलक कामोद, जो दीपांकर को बहुत पसन्द है, अनु के लिए हमेशा लोरी का काम देता है।

"तुम्हारी तरह की अनम्यूजिकल लड़की मैंने नहीं देखी..." वह उसे खिजाता है।

"मुझे कलात्मक अभिरुचिवाले डॉक्टरों से डर लगता है।" अनु के मुँह से निकल पड़ा।

दीपांकर ने उसे देर तक देखा, "तो मुझसे भी डर लगता है?" उसने कोने में रखे सितार की ओर इशारा किया।

"नहीं...तुमसे क्यों?" अनु प्रणव के बारे में सोच रही थी। दीपांकर था दिव्या का भाई–सहज, सामान्य, कोमल। अनु कभी गीत नहीं सुनती, कभी भी कंसर्ट में जाने में रुचि नहीं दिखाती। कभी उसे उपन्यास, कहानी, कविता पढ़ते नहीं पाया जाता, न उसमें फूल, पत्ती, बागबानी में ही कोई दिलचस्पी बची है। खाना बनाना उसे आता भी है, इसमें उसके पहचानवालों को सन्देह है। उसके चेहरे, लापरवाही से शरीर पर डाले साधारण कपड़ों और रहन-सहन से लगता है कि उसकी जिन्दगी एकदम सीधी-सपाट है, जटिलता और दुरूहता से एकदम रिक्त। उसमें एक तापस, एक साधक की तल्लीनता है। क्लास, पढ़ाई, लाइब्रेरी, अस्पताल और फिर घर लौटकर अपनी थकी देह को बिस्तर पर डालकर सो जाना।

उस दिन भी सारे दिन भाग-दौड़ के बाद अनु को लगा कि अब तैयार होकर कहीं बाहर जाने का उत्साह या ताकत नहीं बची। उसने रास्ते में रुककर सुपर मार्केट से सलाद बनाने की सामग्री खरीदी, चाइनीज बंदगोभी, सलाद के पत्ते, खीरे, टमाटर और ताजी खुंबियाँ। साथ में कैलीफोर्निया बरगंडी का बड़ा-सा जग। दीपांकर को देहदार, लाल शराब पसन्द है, उसी की रुचि का खयाल करके। आइसक्रीम तो है ही। घर आकर उसने सामान मेज पर रख दिया और तैयार होने अन्दर चली गई। जब तक वह नहा-धोकर बाहर निकली तब तक दीपांकर आ चुका था।

"तुम आ गए?" अनु ने छोटी-सी खुशी के साथ कहा।

दीपांकर उसे अवाक् खड़ा देख रहा था। उसकी दृष्टि का प्रश्न चीह्न कर अनु ने हँसकर कहा, "यह अनु की, अनु की तीसवीं वर्षगाँठ पर भेंट है। आज मैंने हिम्मत करके बाल कटवा लिये। धोने, सुखाने में कितना टाइम लगता था! कैसी लगती हूँ?"

"एकदम बदली हुई..."

"पूँछ कटी चिड़िया की तरह?" अनु ने अपना ही उपहास करते हुए कहा। आदत के अनुसार उसने अपने बालों की लटें पीछे खोंसनी चाहीं, पर वहाँ कुछ न पाकर उसकी उँगलियाँ खोई-सी, ठिठककर रह गईं। उसने अपने अन्दर एक कचोट-सी महसूस की, लम्बे बालों को कतरवाकर उसने पुरानी अनु की अन्तिम पहचान भी मिटा दी थी।

"खाने में बड़ा-सा सलाद बना रही हूँ। ठीक रहेगा न?"

"एकदम," दीपांकर ने कहा, "कुछ मदद चाहिए?"

"हाँ, जरा वाइन खोलो, तब तक मैं सलाद बना लूँ।" वह नल की धार के नीचे पत्ते धोने लगी—एकाग्र-भाव से जड़ों में लगे मिट्टी के कण छुड़ाते हुए।

"तुमने साड़ी पहनना बिलकुल छोड़ दिया है?" दीपांकर ने कहा।

"कभी-कभी मन तो करता है, पर इन्हें इस्तरी करना, धोना, सँवारना कितनी तवालत का काम है और नकली रेशम मुझे जरा भी नहीं रुचता..." अनु ने कहा।

"मुझे याद है..." दीपांकर ने कहा।

अनु हँसी, "मुझे भी याद है, साड़ी पहनती थी, बड़े-बड़े कड़ाह भरकर खाना पकाती थी..."

"अच्छा, तो तुम्हें यह सब आता है?" दीपांकर ने उसे चिढ़ाते हुए पूछा, "तुम्हें केला, दही, सलाद की पत्तियाँ और डिब्बेबन्द चीजें खाते देखकर मैं समझता था कि तुमने यह सब सीखा ही नहीं।"

"अब अकेले के लिए क्या सब करूँ!"

"पर मुझे तो कभी इनवाइट कर सकती हो!"

अनु हँसते-हँसते बोली, "वह तो मेरे सिद्धान्तों के विरुद्ध है। मैंने प्रण किया है कि कभी किसी पुरुष को रोटी ठोंककर नहीं खिलाऊँगी।"

"और क्या प्रण किए हैं कि कभी किसी पुरुष का विश्वास नहीं करोगी, कभी किसी को पास नहीं फटकने दोगी, कोई दुख न दे इसलिए किसी से सुख भी नहीं लोगी...?"

अनु अचरज से दीपांकर को मुड़कर देखने लगी। "मुझसे किसी को कुछ चाहना ही कहाँ है? फिर मुझे लगता है यह शान्त, स्थिर जीवन, तूफान के बाद की शान्ति..."

दीपांकर ने बिना कुछ कहे बोतल खोली और मेज पर रखे गिलास में

डालकर अनु को पकड़ा दी, "तुम्हारे भविष्य के लिए," उसने कहा।

"धन्यवाद।" अनु ने बड़ा-सा घूँट लिया। उसे लगा कि आज उसे कंजूसी नहीं बरतनी चाहिए थी, कम-से-कम आज के लिए उसे अच्छी शराब खरीदनी चाहिए थी, पर अपनी छोटी-छोटी इच्छाओं का हर वक्त दम घोंटते रहना उसका सहज स्वभाव बन गया था।

"यह रहा तुम्हारा उपहार," कहकर दीपांकर ने एक पैकेट उसे थमा दिया।

अनु ने धुली पत्तियों को साफ झाड़न में लपेटकर जल्दी-जल्दी हाथ पोंछे। आकार से पैकेट पुस्तकाकार था–उसे खोलते हुए उसने कहा, "इसकी जरूरत क्या थी? तुम बहुत तकल्लुफ करते हो।"

"तकल्लुफ तो तुम कर रही हो।"

पैकेट खुला, हाथ से बने खुरदुरे कागजों के कुछ पृष्ठ सामने बिखर गए। हर पृष्ठ पर सुन्दर अक्षरों में एक कविता लिखी हुई थी।

"कविताएँ? तुमने लिखीं..." अनु ने हैरत से उसे देखा।

दीपांकर मुस्कुराने लगा। उसका चेहरा झेंप से लाल हो आया था।

अनु ने पढ़ना शुरू किया :

1.

ये गन्धहीन
सफेद फूल
जिनका मैं नाम भी नहीं जानता
गूँथ लो इनको अपने बालों में
दे दो इन्हें रूप
सुगन्ध।
बना लो इन्हें
अपना गजरा।

2.

टेसू का अकेले जंगल में फूलना,
परदेसी सड़क पर
जैसे तुम।

3.

अन्धी आँखों की टकटकी में
उभरती है एक आकृति
क्या मेरी आँखों के अक्स में
तुम अपने को देख पाओगी?

4.

बर्फ के तूफान में
धुँधलाया हुआ लैंडस्केप
मेरी आँखों में बार-बार झिलमिलाती है
साड़ी, जो तुमने बारह बरस पहले
पहनी थी
चटक
तोतापंखी रंग।

5.

नदी का नाम चार्ल्स हो
या गोमती
तुम्हें छूकर
वह गंगा है।

अनु ने कुछ कविताएँ बार-बार पढ़ीं। कुछ कहने को न पाकर उसने कहा, ''तुम्हें संगीत से शौक है, यह तो मालूम था, मगर तुम तो पोयट भी हो!''

दीपांकर ने झेंपते-झेंपते कहा, ''पोयट होने का मुगालता मुझे नहीं है। पहले कभी-कभार लिख लेता था, बरसों से छूट गया। अब अचानक फिर लिखने का मूड होने लगा है।''

अनु काउच पर पैर उठाकर बैठ गई और कविताएँ दुबारा पढ़ने लगी। दीपांकर की आँखें, पूरी भावमुद्रा पुकार-पुकारकर जो कह रही थी, उसका सामना करना, उसे स्वीकार करना उसे असम्भव लग रहा था और कविताओं के पृष्ठ जैसे उसे बचाव कर रहे थे।

उसने कहा, "मुझे एप्रीशियेट करने की तमीज कहाँ है, पर आई लाइक देम। वेरी मच।" दीपांकर आकर अनु के पास बैठ गया। अनु ने जाना कि दीपांकर की हथेलियाँ पसीजी हुई हैं और जब उसने अनु को बाँहों में भरकर अपने सीने से लगाया तो अनु ने महसूस किया कि दीपांकर का दिल तेजी से धड़क रहा है। वह हल्का-हल्का काँप रहा था, एक अनाड़ी, स्कूली लड़के की तरह। अनु ने अलग होने की कोशिश नहीं की, वैसी ही बैठी रही—आगे क्या होगा और वह स्वयं क्या करेगी इसके बीच के एक अनिश्चय और इन्तजार में, पर जैसे निर्णय लिया जा चुका था। दीपांकर एक आवेग में अनु का माथा, पलक, होंठ, ठोढ़ी, गले को बार-बार चूमने लगा। अनु ने अपने अन्दर एक ठंडापन, एक दूरी महसूस की और उस क्षण को बीत जाने देने के लिए गिलास उठाकर दीपांकर के होंठों से लगा दिया। उस छोटे-से अन्तराल में अपने सारे अलगाव और निस्संगता को कहीं बहुत दूर, बहुत अन्दर ठेलकर अनु ने अपने को दीपांकर के अन्तरंग सामीप्य के लिए तैयार कर लिया। उसने दीपांकर की टाई खोलकर काउच के हत्थे पर डाल दी और बहुत हल्के-हल्के उसकी कमीज के बटन खोलने लगी।

दीपांकर का सीना एकदम चिकना-सपाट था—बिना बालों का, अनु के हाथ अपने आप अलग हो गए। दीपांकर की शर्मीली उँगलियाँ उसके कपड़ों से उलझ रही थीं। अनु के मन में दीपांकर के लिए कहीं कोमलता और लाड़ फड़फड़ाने लगा, चिड़िया के नए बच्चे की तरह, सामने की दुनिया में कच्चे पंख पसारकर उड़ने को उत्सुक, साथ में भयभीत। उस अँधेरे में दीपांकर अनु को कसकर पकड़े था, शायद पतले काउच से उसके नीचे ढुलक जाने के डर से। कुछ झिझककर दीपांकर ने पूछा, "कुछ प्रिकॉशन लेना चाहिए न?"

"डोंट वरी," अनु ने कहा, "आजकल सेफ हूँ।"

जब उस अनाड़ी स्कूली लड़के की जगह एक पटु, दक्ष पुरुष ने ले ली तो अनु को मधुर आश्चर्य होने लगा और साथ में लग उठा कि अनभ्यस्त, अनाड़ी शायद वह स्वयं है।

रात के उस अँधेरे में, जबकि पँचमेली सलाद बिना-बना रसोई में ही रखा-रखा सूख गया और शिथिल उँगलियों से गिलास छूटकर काउच के किनारे लुढ़के हुए थे, दीपांकर की उँगलियाँ अनु के चेहरे को हल्के-हल्के उकेर रही थीं, उसकी आवाज उभरी, "एक बात पूछूँ, बुरा तो नहीं मानोगी?"

अनु ने हाथ बढ़ाकर साड़ी के छोर से पैर ढँकते हुए कहा, "पूछो।"

"प्रणव कुमार के बाद—मैं पहला नहीं हूँ न?"

अनु चुप रह गई। फिर जब उसने कुछ कहना चाहा तो दीपांकर ने उसके होंठों पर हथेली रखकर कहा, ''आई'म सॉरी। मुझे यह पूछना नहीं चाहिए था, अब मैं कुछ जानना नहीं चाहता...''

यह क्षण आत्मीयता के चन्द क्षण होते हैं जब अपने शरीर के साथ-साथ अपनी आत्मा का भी उघड़ आना असंगत नहीं लगता। अनु ने कहा, ''मैं उनके नाम की माला नहीं जप रही हूँ...वह अब गुस्सा, वह कड़वाहट मैंने अपने से अलग कर दी है—केंचुल की तरह।''

''तो तुमने उन्हें क्षमा कर दिया, जो कुछ उन्होंने तुम्हारे साथ किया...''

''हाँ।'' अनु उलटकर पेट के बल लेट गई। अब उसे थोड़ी-थोड़ी शरम आने लगी। उसे लगा कि अगर लम्बे बाल होते तो ऐसे समय आगे ढलका आते और थोड़ी-सी ओट का सहारा मिलता। फिर उसने पूछा, ''तुम कुछ खाओगे? भूख लगी होगी।''

दीपांकर जोर से हँस पड़ा, ''कुछ देर के लिए अपना गिरस्तनपना छोड़ क्यों नहीं देतीं? तुम्हें भूख लगी है?''

''नहीं।''

दोनों के हाथ एक-दूसरे को सहलाते, दुलराते रहे, नई पहचानें बनाते हुए। दीपांकर ने पूछा, ''अनु, क्या तुम कभी मुझे प्यार कर सकोगी?''

''यह प्यार नहीं है?'' अनु ने अलस स्वर में कहा।

''तुम समझ नहीं रही हो कि मैं क्या कहना चाह रहा हूँ। और तुम्हें इसका तुरन्त जवाब देना भी नहीं है। मैंने बरसों इन्तजार किया है और करने को तैयार भी हूँ...''

''तुम्हारा मतलब कि...''

''हाँ अनु, मैंने बरसों से तुम्हें प्यार किया है। जब तुम्हारी एकदम से शादी हो गई तो मैं छटपटाकर रह गया। तब एक स्टूडैंट था, कर ही क्या सकता था? और एक भेद की बात बताऊँ—बुरा मत मानना, जब मुझे पता लगा कि तुम और प्रणव कुमार अलग हो गए हो, तब मेरे स्वार्थी मन को बहुत खुशी हुई, लगा कि जैसे मेरी उम्मीद बर आएगी...''

''तो फिर इतने दिनों तक चुप क्यों रहे...?''

''मैं एकदम श्योर होना चाहता था। चाहता था कि स्वाभाविक, सहज रूप से तुम स्वयं अपने दुख से उबरो—मेरे सहारे की बैसाखी थामकर नहीं...''

''तुम इतने अच्छे क्यों हो दीपांकर?'' अनु ने हल्के से पूछा।

''क्योंकि मैं पागल हूँ—तुम्हारे लिए...'' कहकर उसने अनु को फिर

अपनी ओर खींच लिया।

सुबह के पौने पाँच बजे थे। अनु हाउसकोट पहने हुए कॉफी बना रही थी, दीपांकर किचन में खड़ा टाई बाँध रहा था। अनु ने गाढ़ी काली कॉफी छानते हुए कहा, "तुम हमेशा अपना टूथब्रश साथ लेकर चलते हो क्या?"

"हमेशाऽऽ, एक अच्छे बॉय स्काउट की तरह, हर स्थिति के लिए तैयार..." वह उसे खिजा रहा था।

कॉफी का प्याला उसकी तरफ बढ़ाते हुए अनु ने पूछा, "आज तुम्हारी सर्जरी तो नहीं है?"

"नहीं। क्यों?"

"पिछले दस-बारह घंटों से...लगातार...कितनी बार..." अनु ने वाक्य पूरा नहीं किया।

दीपांकर ने कॉफी का घूँट जल्दी-जल्दी निगलकर प्याला वापस रखकर कहा, "अगर होती भी तो क्या? यह हाथ देख रही हो, एकदम सधे हुए हैं..." और फिर बाहर के दरवाजे की ओर बढ़ते हुए कहा, "फिर मेरे लिए यह कोई नई बात नहीं है..."

"अरे जाऽऽ ओ, गपोड़ी कहीं के..." अनु ने लाड़ से कहा।

दीपांकर की हँसी बहुत देर तक अनु के आसपास मँडराती रही।

दिव्या ने कहा, "तुम लोग शादी क्यों नहीं कर लेते?" कमरे में दीपांकर था और दिव्या के जुड़वाँ बच्चे, जो चुपचाप बैठे तसवीरों में रंग भर रहे थे। रसोई में अनु बर्तन धो रही थी, जयन्त पोंछ-पोंछकर वापस अलमारी में रखता जा रहा था। दिव्या ने आगे कहा, "या तुम लोग इतने फैशनेबल हो गए हो कि शादी में विश्वास नहीं करते?"

"अनु से पूछो," दीपांकर ने कहा।

दिव्या ने अनु को बुलाया। अनु आई और बैठ गई। भाई-बहन में काफी साम्य था। विदेश में रहते-रहते दिव्या प्रखर और वाचाल हो गई थी। पर दीपांकर में अभी भी गाम्भीर्य और मौन के पीछे लज्जालु प्रवृत्ति बाकी रही थी। इस बीच में अनु से दीपांकर प्रायः रोज ही मिलता रहा था। अनु को भी यह सम्बन्ध कब सहज और प्रिय लगने लगा, उसे मालूम नहीं हुआ। दीपांकर कितना अलग था, देखकर लगता नहीं था कि वह इतना प्रतिभाशाली होगा। अनु इतने सालों से उसे जानती थी पर अन्तरंग दीपांकर को नहीं। वह उसकी स्थायी-सी ही

मित्र बन गई है, जब यह प्रचलित हुआ तो जैसी हर्षमिश्रित ईर्ष्या का उसे सामना करना पड़ा, उससे उसे आश्चर्य हुआ। इस बीच में कितनी ही अनु की चीजें दीपांकर के फ्लैट में चली आई थीं और दीपांकर के कई जरूरी काम लायक कपड़े अनु की अलमारी में टँग गए थे। दीपांकर को फालतू चीजें बटोरने की बिलकुल आदत नहीं थी। उसे अपना घर एकदम खाली अच्छा लगता था, बड़ी-बड़ी खुली जगहें। बस, काम लायक फर्नीचर, एक पलँग, एक मेज, एक कुर्सी सोने के कमरे में। चमड़े से मढ़ा एक काउच बैठक में, दो मैचिंग कुर्सियाँ। एक पारदर्शी काँच की मेज, क्रीम रंग का कार्पेट, वैसे ही पर्दे। उसकी रसोई एक प्रयोगशाला की तरह झकझकाती हुई साफ रहती थी। यहाँ से वहाँ तक साफ-सुथरा स्टेनलेस स्टील, बर्तन काउंटर, फ्रिज और रसोई से सटा ग्रीन हाउस था, जिसमें हवाइयन गुड़हल भी थे और आर्किड भी। खचाखच हरा। तिलक कामोद और फूल, तेज धारवाले चाकू और कविताएँ, वैज्ञानिक और कलाकार का मिला-जुला व्यक्तित्व। सुलझे हुए विचारों, सधे हुए हाथोंवाला डॉक्टर और दीवानेपन की सीमा तक का गहरा, हरहराता प्यार। उसका शरीर जैसे इस्पाती भट्टी की तरह धधकता था और उसकी प्यास और चाहना अन्तहीन थी। अनु को यह विरोधाभास अच्छा भी लगता था, आशंकित भी करता था। ऐसे ही प्रेमी होते होंगे जो कि आवेश में खून तक कर देते हैं पर दीपांकर की पकड़ में जो आश्वासन, जो मृदुलता थी वह ऐसे खयालों को झुठला देती थी।

दिव्या ने फिर कहा, ''अनु...तुम्हारे क्या इरादे हैं? कब तक मेरे प्यारे भइया को लटकाए रहोगी?''

अनु को अपना उत्तर अपने आप सुनाई पड़ा, ''मुझे कोई आपत्ति नहीं है।'' और वह स्वयं स्तम्भित रह गई। जैसे स्वाभाविक ढंग से वह कह गई थी, उसे लगा कि जैसे वह हर पल, हर दिन अपने को इसी परिणति के लिए तैयार करती आई थी। भाई-बहन दोनों को अपनी ओर निर्वाक् ताकते हुए वह हल्की लाज से हँस दी, ''तुम्हारे भइया ने तो कभी पूछा ही नहीं।''

दिव्या लपककर उठी और अनु से लिपट गई। जयन्त और दीपांकर बाजार गए और बाल्टी-भर बर्फ और शैम्पेन की कई बोतलें ले आए। सारे दिन वह शैम्पेन पीते रहे, खुशी का वातावरण घर में घुलता रहा, सुख और सौहार्द की लहरें अनु को दुलराती रहीं।

''यानी कि आपने अभी तक बेचारी अनु से बात ही नहीं छेड़ी थी,'' दिव्या ने दीपांकर से कहा, ''इतने झेंपू निकलोगे, यह उम्मीद नहीं थी।''

''हिम्मत नहीं पड़ी,'' दीपांकर ने कहा, ''यह विवाह के खिलाफ ऐसे नारे

लगाती थी...''

''तो भाई, अभी से सारी बातें साफ कर लो,'' दिव्या ने कहा, ''बाद में मुझे दोष मत देना कि मैंने तुम दोनों को ढकेल दिया।''

''अनु कभी रोटी नहीं पकाएगी, यह तो मुझे मालूम है...'' दीपांकर ने कहा।

''अच्छा है, तुम पकाना, मेरी तरह।'' जयन्त हँसा।

''नहीं, कोई नहीं पकाएगा,'' दिव्या ने कहा, ''बाहर खा लिया करना। अनु, कोई और शर्त है...''

''शर्त-वर्त क्या?'' अनु ने कहा।

''हमारे खानदान में जुड़वाँ बच्चों की परम्परा है।'' दिव्या ने उसे खिजाया।

''मुझे जुड़वाँ बच्चे अच्छे लगते हैं,'' अनु कह गई और दीपांकर की आँखों में देख मुस्करा दी। जयन्त आखिरी बोतल खोलने उठा, ''बस-बस,''

अनु ने कहा,''बहुत ड्रिंकिंग हो गई, मेरी कल पौने आठ बजे ड्यूटी है।''

''कल की तुम छुट्टी ले रही हो,'' दीपांकर ने कहा, ''कल हम रक्तपरीक्षण कराने चलेंगे और परसों मैरिज लाइसेंस के लिए अर्जी दे देंगे और उसके अगले दिन शादी...''

''रुको, रुको...'' दिव्या ने कहा, ''आज है इतवार–बृहस्पतिवार को शादी रखो, उस दिन मेरा हाफ-डे होता है। मैं दो-तीन बजे तक आ जाऊँगी–रिसेप्शन उसी दिन कर लेंगे–तुम गवाह किसे बनाओगे?''

''यहाँ गवाहों की जरूरत नहीं है, फिर भी जरीना और डेविड को कह देंगे। वे खुश होंगे और डेविड भारी-भरकम भी है...''

''उसकी क्या जरूरत...''

''आखिरी वक्त इरादा बदल दो तो पकड़कर रखने के लिए।'' दीपांकर ने कहा।

''अब अनु इरादा नहीं बदलेगी। है न?'' दिव्या ने हँसते हुए कहा।

''इतनी जल्दी क्या है?'' अकेले में अनु ने पूछा।

''अब मैं रुक नहीं सकता,'' दीपांकर ने बच्चे की तरह मचलते हुए कहा, ''और हम बड़े ट्रेडिशनल ढंग से सब करेंगे–शादी, रिसेप्शन, समुद्र किनारे हनीमून–तुरत बच्चा...''

''अरे वाह! वाह!'' अनु बोली, ''मेरी पढ़ाई, मेरी रेजीडेंसी...''

''वह भी, साथ-साथ यह भी।''

अनु ने हँसते-हँसते दीपांकर की सारी बातें मान लीं। दिव्या के साथ जाकर

नई जामावार साड़ी ले आई। मूँगा और मोती का सेट पसन्द कर लिया, हीरे की अँगूठी का नाप भी दे दिया। पर संगीत, मेहँदी, हल्दी, इन सब रस्मों को सहेलियों के इसरार करने पर भी स्पष्ट मना कर दिया। उसे लगा कि यह सब नाटक उससे झेला नहीं जाएगा।

शादीवाली सुबह उसे जागकर ऐसा नहीं लगा कि कुछ नया या अनोखा होने जा रहा है। उसे पहलेवाले अवसर की याद अनचाहे ही आ गई–धूम-धड़ाका, चहल-पहल और अपनी धड़कती हुई भयमिश्रित उत्कंठा। आज सब सामान्य थे। दीपांकर को शहर जाना था, अनु की अँगूठी लेने। अनु को कुछ छिटपुट शॉपिंग करनी थी। उस रात कुछ नया नहीं होना था, जो कि पिछले कुछ महीनों से नहीं हुआ था, पर यह दिन विशेष था और अनु का मन हुआ कि वह दीपांकर को नए सिरे से रिझाए। उसने सेल्सगर्ल से कहा कि उसे हनीमून पर ले जाने के लिए रात के कपड़े चाहिए। इतनी गोपनीय बात वह सेल्सगर्ल से कैसे कह गई? अनु ने कई उत्साहित, प्रफुल्लित होकर काउंटर पर जुड़ आई लड़कियों को देखा, वह 'ओऽऽह-ओऽऽह' कूकती हुई, अनु को तरह-तरह के नाइट गाउन दिखा रही थीं, "कब है शादी?" एक ने पूछा।

"आज हीऽऽ"

"ओऽऽह–वंडरफुल..." सेल्सगर्ल ने उसे पैकेट देते हुए कहा, "हमारी शुभकामनाएँ–आप बहुत दिन तक सुखी रहें..."

अनु ने मुस्कुराकर उनकी शुभकामनाएँ स्वीकार कीं–तीनों लड़कियों की मुस्कुराहटों और खुशी को उसने ताबीज बनाकर मुट्ठी में थाम लिया।

जब दीपांकर 'पब' में पहुँचा तो वह बार के स्टूल पर बैठी खालिस स्कॉच पी रही थी।

"दुलहिन रानी नरवस हैं क्या?" दीपांकर ने पास बैठते हुए पूछा।

वह स्कॉच इम्तिहान और पोस्टमार्टम करने के पहले ही पिया करती है।

दीपांकर ने बियर मँगाई, तभी जरीना और डेविड आ गए और अनु कुछ कहने से बच गई। मगर जब अनु ने दूसरी बार स्कॉच ऑर्डर की, तब दीपांकर ने कहा, "तुम्हें अब और नहीं लेना चाहिए..."

"आज उसी की इच्छा पूरी होने दो, दीप," जरीन ने कहा, "आज उसकी स्वतन्त्रता का आखिरी दिन है।"

"और मेरी स्वतन्त्रता?" दीपांकर ने कहा।

"तुम तो उस बन्धन के लिए सिर के बल तैयार हो।" डेविड ने कहा।

इतने सालों की स्वतन्त्रता, अनु सोच उठी। अपने निर्णय अपने आप लेने

की जिम्मेदारी, अपनी कमाई का पैसा बचाया जाए या बहाया जाए, कहाँ रहे, कैसे रहे, यह सब अपनी मर्जी से करने का सुख, न किसी का दबाव, न जवाबदेही। उसने दीपांकर को देखा, अगर दीपांकर इस सम्बन्ध के लिए उत्सुक है तो वह भी निर्णय ले चुकी है, अब पीछे हटने का सवाल नहीं उठता। दीपांकर उसे हर तरह से सुखी रखने की कोशिश करेगा, वह यह जानती थी। वह अपने लिए महत्त्वाकांक्षी नहीं था, पर अनु को वह कभी कोई भी निर्णय लेने से नहीं रोकेगा। यह होगी बराबर की साझेदारी—न कोई बड़ा, न छोटा, न सुपीरियर, न इन्फीरियर।

शाम तक काफी मात्रा में पी लेने के बाद अनु बहुत हल्की, बहुत खुली महसूस कर रही थी। बहुत लोगों को न बुलाने पर भी कमरे खचाखच भर उठे। अनु के सहपाठी, प्रोफेसर, दीपांकर के साथी, भारतीय-अमेरिकन मित्र—मेज के बीच में कट गिलास का बड़ा-सा पात्र शैम्पेन पंच से लबालब भरा था। कुछ मित्र मना करने पर भी कुछ-न-कुछ बनाकर ले आए थे। भुना मुर्गा, कटलेट्स, बर्फियाँ—सभी ने एक-दो गिलास पिए, अनु की खुशी में शामिल होते हुए। धीरे-धीरे अँधेरा होने और भीड़ छँट जाने के बाद दिव्या बच्चों को समेटकर चली गई, तब वे दोनों अकेले रह गए—अनु ने दीपांकर के साथ-साथ सामान बटोरना शुरू किया। वह कमरे में घूम-घूमकर बोतलों में बच गई शैम्पेन पीती रही, "मैं बहुत थक गई हूँ।" उसने कहा।

"तो तुम कुछ देर आराम करो..." दीपांकर रसोई में प्लेटें रख रहा था।

अनु जब जागी तो फ्लैट में अँधेरा था। हड़बड़ाकर उसने बत्ती जलाई और उठकर बैठ गई। कमरा एकदम सुव्यवस्थित था। ढेर सारे फूलों के अतिरिक्त पार्टी के सारे चिह्न हट गए थे। गिलास धुले-धुलाए अपनी जगह पर थे। बचा हुआ खाना, ढका हुआ रखा था। कूड़े के बड़े-बड़े बैगों में पेपर प्लेट्स, प्लास्टिक के फेंके जानेवाले काँटे, चम्मच, नैपकिन, सब बाँध-बूँधकर रसोई के बाहरी दरवाजे पर रख दिया गया था।

अनु ने गुसलखाने में जाकर सिरदर्द की दो गोलियाँ खाईं, मुँह धोया, बाल सँवारे और कुछ-कुछ काँपती टाँगों से सोने के कमरे में पहुँची। दीपांकर सिरहाने की बत्ती जलाए हुए 'टाइम' पत्रिका पढ़ रहा था।

अनु ने पलँग पर बैठते हुए पूछा, "क्या बज गया?"

"साढ़े तीन।"

"तुम सोए नहीं?"

"तुम्हारा इन्तजार कर रहा था।"

"और सुबह तक मैं सोई रहती तो?"

"तो मैं 'टाइम' पढ़ता रहता।"

अनु ने हाथ बढ़ाकर बत्ती बुझा दी। बहुत देर बाद दीपांकर की अँधेरे में आवाज उठी, "तुम मुझे प्यार करती हो अनु?"

"हाँ..." चौंकी आवाज में अनु ने कहा, "और तुम?"

"मैं तो तुम्हें हमेशा से प्यार करता आया हूँ..."

"और अब मैं तुम्हारी पत्नी हूँ।"

'एकदम मेरी, केवल मेरी।"

"हाँ—दीपांकर, एकदम तुम्हारी।"

"मैं तुम्हें कभी नहीं जाने दूँगा..." दीपांकर की आवाज कहीं गहराई से उठी। अनु ने उस समय मन-ही-मन अपने से वायदा किया कि वह कभी दीपांकर को किसी तरह का दुख या पीड़ा नहीं देगी। जैसी वह झेल चुकी है, वैसी तो बिलकुल नहीं। उसने एक लम्बी साँस ली, खुमारी और तुष्टि से परिपूर्ण। उसने बाँहें फैलाईं और दीपांकर को समेट लिया।

अनु लैब में अकेली है। उसकी वहाँ जरूरत नहीं है, पर जैसे उम्मीद है कि अपने व्यवस्थित, परिचित संसार में बैठकर गड्ड-मड्ड विचारों को स्थिर हो आने में मदद मिलेगी। देर होने पर भी लैब की सारी बत्तियाँ जल रही हैं। उसे मालूम है कि जब तक वह लौटकर नहीं आएगी, दीपांकर जागता ही रहेगा, पर न जाने क्यों आज दीपांकर का स्पर्श सहा नहीं जाएगा। तुम अपने को एकान्तवास दे सकती हो, अपने चारों ओर ऊँची दीवारें खड़ी कर बाहर की हवा को अन्दर आने से रोक सकती हो, पर जब अपने अन्दर के ही प्रेत पुनर्जीवित हो जाएँ तो उनकी शान्ति कैसे हो?

डॉक्टर टेलर ने लैब में झाँका, "तुम अभी यहीं हो अनु?"

"यह रहे प्रयोग के रिजल्ट्स—मैंने रिपोर्ट तैयार कर दी है।" अनु उठकर खड़ी हो गई।

डॉक्टर टेलर अपने काम में जिन्दगी अर्पण कर देनेवाले वैज्ञानिकों का असली खाका हैं। छब्बीस साल पहले पत्नी से विच्छेद हो जाने पर उन्होंने फिर शादी नहीं की। कुछ वर्ष पहले नोबेल पुरस्कार पा चुके हैं। अब उनकी रिसर्च ही उनकी जिन्दगी है, उनकी टीम उनका परिवार। लैब के पीछे ही एक छोटे कमरे में उनका एक खटोला पड़ा रहता है। रिपोर्ट पर नजर डालकर वह कहते

हैं, “गुड! गुड! हमें यही अपेक्षा थी–अब तुम घर जाओ। बहुत थकी दीख रही हो। मैं लैब बन्द कर लूँगा।”

अनु कोट उतारकर खूँटी पर टाँग देती है, डॉक्टर टेलर को विदा कहती हुई और अपने को ठेलती हुई बाहर आ जाती है।

उसे लगा, वह एक लम्बे अरसे तक अँधेरे में भटकती रही है, हाथ-पैर मारती रही है। फिर मन में बिलकुल स्पष्टता से कौंध जाता है कि अब आगे क्या करना होगा।

दीपांकर पलँग पर लेटा एक पत्रिका पढ़ रहा है–जम्हाई दबाते हुए उसने पूछा, “काम हो गया?”

“हाँ–डॉक्टर टेलर को रिजल्ट भी दे आई। गुड़िया रोई तो नहीं?”

‘नहीं। तुम इतनी पीली क्यों दीख रही हो? कुछ पियोगी?”

“कुछ नहीं।”

अनु आकर लेट जाती है, वे पास-पास हैं, फिर भी उनके शरीर एक-दूसरे को छू नहीं रहे थे।

“सुनोऽऽ,” अनु कहना शुरू करती है। दीपांकर की आँखें उसकी ओर उठती हैं–गहरी, उष्ण और विश्वास-भरी।

“सुनो, हम तीन-चार दिन को बाहर नहीं जा सकते?”

“कब?”

“कल सुबह ही–तुम्हारी छुट्टी बाकी है और मैं डॉक्टर टेलर से कह दूँगी। चलो, गुड़िया को लेकर कहीं चलें, कुछ दिन में ठंड पड़ने लगेगी, फिर निकल नहीं सकेंगे...”

“कहाँ जाना चाहती हो?”

“कहीं रोशनी, उजाले और धूप में...”

“समुद्र और रेत पर,” दीपांकर ने जोड़ा, “मैं कल ही प्रबन्ध कर लूँगा–अब तुम सो जाओ–बहुत थकी हुई लग रही हो।”

अनु को अपने अन्दर से, कहीं बहुत भीतर से सिसकी उभरती मालूम दी, उसने दीपांकर की बाँह पर सिर रखकर आँखें सख्ती से बन्द कर लीं।

सुबह साढ़े छह बजे नर्स खून निकालने आती है। प्रणव पूरा तैयार होकर कुर्सी पर बैठा सिगरेट पी रहा है, हाथ हिलाकर वह नर्स से चले जाने को कहता है।

स्लिप हाथ में पकड़े हुए वह कहती है, ''डॉक्टर कुमार–मुझे आपका खून लेना है।''

प्रणव ने मन्द, पर दृढ़ स्वर में कहा, ''मुझे छुट्टी मिल गई है। मैंने स्टेट कैंसिल कर दिया।''

तुरन्त स्टाफ नर्स आती है।

''जी हाँ–मैंने अपना इरादा बदल दिया है। मैं जा रहा हूँ, डॉक्टर मैथ्यू से बात हो गई है। जी हाँ, मैं पूरी अपनी जिम्मेदारी पर जा रहा हूँ।'' वह फार्म पर हस्ताक्षर कर देता है।

नीचे आकर वह गलियारे में एक क्षण टेलीफोन के पास ठिठकता है–अनु शाम को आएगी, उसकी जगह उसे कोई दूसरा मरीज उस कमरे में, उस पलँग पर मिलेगा, कम-से-कम उसे बता तो दे कि वह जा रहा है। उसने दुविधा का वह क्षण बीत जाने दिया। बाहर टैक्सी उसे एयरपोर्ट ले जाने का इन्तजार कर रही है और समय बहुत कम रह गया है। वह जाकर टैक्सी में बैठ जाता है।

●●●